CPI与PPI背离
——影响、成因和对策

刘玲君 ◎ 著

Divergence between CPI and PPI:
influence, causes and countermeasures

首都经济贸易大学出版社
Capital University of Economics and Business Press
·北 京·

图书在版编目（CIP）数据

　　CPI 与 PPI 背离：影响、成因和对策 / 刘玲君著.
北京 ：首都经济贸易大学出版社，2025. 7. -- ISBN
978-7-5638-3925-4

　　Ⅰ．F822.0

　　中国国家版本馆 CIP 数据核字第 2025XG1790 号

CPI 与 PPI 背离——影响、成因和对策

CPI YU PPI BEILI：YINGXIANG，CHENGYIN HE DUICE

刘玲君　著

责任编辑	晓　地
封面设计	砚祥志远・激光照排 TEL：010-65976003
出版发行	首都经济贸易大学出版社
地　　址	北京市朝阳区红庙（邮编 100026）
电　　话	（010）65976483　65065761　65071505（传真）
网　　址	https：//sjmcb. cueb. edu. cn
经　　销	全国新华书店
照　　排	北京砚祥志远激光照排技术有限公司
印　　刷	北京九州迅驰传媒文化有限公司
成品尺寸	170 毫米×240 毫米　1/16
字　　数	160 千字
印　　张	9. 75
版　　次	2025 年 7 月第 1 版
印　　次	2025 年 7 月第 1 次印刷
书　　号	ISBN 978-7-5638-3925-4
定　　价	45. 00 元

前　　言

　　"稳增长"是宏观调控领域的关键问题，是我国货币政策逆周期调节的重要目标。理论上，货币政策可以通过加大力度实现"稳增长"目标，而 2011 年以来我国 CPI 与 PPI 发生了多轮趋势性背离，增加了宏观调控的难度。一方面，"稳增长"目标和 CPI 与 PPI 背离之间存在潜在矛盾。CPI 与 PPI 背离时期多个宏观指标持续分化，导致宏观政策取向一致性的实现难度加大，而且货币政策"稳增长"力度会受到 CPI 与 PPI 背离的约束。另一方面，CPI 与 PPI 背离可能导致资源在不同行业之间的配置扭曲，降低资源配置效率，不利于货币政策"稳增长"目标的实现。央行《中国货币政策执行报告》明确指出，物价运行呈现更加复杂的结构化特征，多次探讨应该如何正确看待 CPI 与 PPI 背离，CPI 与 PPI 背离时期货币政策应参考哪个指标把握通胀、实际利率水平，由此可以看出决策层对于这个问题的高度关注。

　　有鉴于此，央行制定货币政策时要将 CPI 与 PPI 背离相关因素考虑在内，但是 CPI 与 PPI 背离的成因和应对措施本身具有一定的复杂性，增加了 CPI 与 PPI 背离时期货币政策调控的难度，所以厘清 CPI 与 PPI 背离时期货币政策有效性的变化，CPI 与 PPI 背离的成因是什么，CPI 与 PPI 背离如何应对等问题，对优化我国宏观政策具有重大意义。

　　为了回答以上问题，本书对 CPI 与 PPI 背离时期的货币政策有效性进行理论分析，并使用状态依存 LP 方法进行实证研究检验。研究发现，正常时期以及 CPI 与 PPI 背离时期的货币政策效果明显不同。正常时期，宽松的货币政策可以有效促进经济复苏，因此加大货币政策力度能够较好实现"稳增长"目标。在 CPI 与 PPI 背离时期，宽松货币政策的"稳增长"效果显著弱于正常时期，货币政策的逆周期调节效果明显减弱。进一步研

1

究表明，CPI 与 PPI 背离时期货币政策 "稳消费" 有效性减弱程度较大，"稳投资" 有效性受到的影响相对有限。

更进一步的，本书使用随机森林等机器学习方法，以及 SHAP 值可解释性方法进行了变量选择和参数估计，全面分析了 CPI 与 PPI 背离的 20 多个潜在影响因素重要性权重及其动态变化。研究发现，第一，大宗商品价格是 CPI 与 PPI 背离最重要的影响因素。大宗商品价格在 CPI 与 PPI 背离时期的重要性权重高于正常时期，并且重要性权重持续增强，在 CPI 与 PPI 背离全部影响因素中排名第一位。第二，流动性因素、债务因素也是 CPI 与 PPI 背离重要的影响因素。第三，与已有文献得到的结论不同，本书发现，在 CPI 与 PPI 背离期间需求侧因素、供给侧因素的重要性权重低于正常时期，尤其在近期发生的几轮 CPI 与 PPI 背离，供给侧因素重要性权重排名位于最后。这主要是因为需求侧因素和供给侧因素与 CPI、PPI 背离之间以线性关系为主，所以在使用机器学习方法考虑各因素对 CPI 与 PPI 背离的非线性影响之后，需求侧因素和供给侧因素的重要性权重下降。

基于机器学习方法对 CPI 与 PPI 背离最关键因素的识别结果，本书构建 DSGE 模型分析了 CPI 与 PPI 背离的形成机制，复制再现不同类型的 CPI 与 PPI 背离，进而模拟货币政策规则调整和产业结构升级对 CPI 与 PPI 背离的影响。研究发现，大宗商品价格变动是 CPI 与 PPI 背离的重要成因，具体而言，大宗商品价格冲击使 PPI 呈现较大的波动性，而上下游价格黏性异质性使 PPI 对 CPI 的影响非常有限。同时，通过对比不同货币政策规则下产出和通胀的波动性，结果表明除非产出稳定目标在央行福利损失函数中权重很高，否则货币政策盯住大宗商品价格和 CPI 变化率的加权平均值能够有效降低经济波动。此外，通过对比产业结构升级前后的脉冲响应结果，本书发现服务深化是产业结构升级的重要表现，由此引致的上游工业品厂商价格黏性上升，对宏观经济以及 CPI 与 PPI 背离形成 "稳定器" 效应。

基于以上研究结论，本书针对性地给出五点政策建议。一是决策层和社会各界要高度关注 CPI 与 PPI 背离的问题，减少 CPI 与 PPI 背离发生的概率，而当 CPI 与 PPI 背离发生时要尽可能减少背离持续的时间。二是在 CPI 与 PPI 背离时期货币政策应该盯住大宗商品价格和 CPI 变化率的加权平均值，但要注意保持大宗商品价格在货币政策规则中的合理权重，不能因此而忽视 CPI 变动。三是加强央行预期管理，在完善预期管理框架的基础上，进一步优化沟通策略，增强预期管理的公信力，同时加强对市场预期的监测，进而稳定通胀预期。四是着力优化总需求结构和产业结构，从收入与支出两端共同发力提振消费，有效化解 CPI 与 PPI 背离对总需求结构的扭曲，并且促进各产业实现协调发展，降低上下游厂商间价格黏性的异质性，防止出现资源配置的无效率。五是化解 CPI 与 PPI 背离需要多项经济政策协调配合，因此应该增强宏观政策取向一致性，加强传统货币政策与央行预期管理的协调配合，同时加强长短期政策的协调配合，多措并举形成政策合力。

目　　录

1 绪 论

1.1　研究背景与研究意义

"稳增长"是宏观调控领域的关键问题，是我国货币政策逆周期调节的重要目标。总体上我国经济持续回升向好，但是海外风险仍存，外部压力仍不容忽视，货币政策需要进一步发力"稳增长"。理论上，货币政策可以通过加大力度实现"稳增长"目标，在正常时期产出和物价之间呈现一致的走势，央行可以综合判断当前经济形势，在明确当前经济过热还是存在下行压力后，运用货币政策工具进行宏观调控。2011 年以来，我国消费者物价指数（CPI）与工业品出厂价格指数（PPI）发生了多轮趋势性背离，增加了宏观调控的难度。

宏观调控难度上升的表现之一是"稳增长"目标和 CPI 与 PPI 背离之间存在潜在矛盾，不仅导致宏观政策取向一致性的实现难度加大，而且货币政策"稳增长"力度受到一定约束。一方面，2023 年中央经济工作会议提出，"要增强宏观政策取向一致性。加强财政、货币、就业、产业、区域、科技、环保等政策协调配合"，但是 CPI 与 PPI 背离时期多个宏观指标持续分化，会造成货币政策调控效率的下降和政策空间的消耗。另一方面，一般来说，在正常时期，中央银行的货币政策可以实现产出和物价的双重调控。例如，当一国经济过热，中央银行通过紧缩的货币政策实现产出和物价的同步下降；而当一国经济面临下行压力时，中央银行可以通过宽松的货币政策实现产出和物价的同步上升。但是 CPI 与 PPI 背离发生时，产出指标、CPI 与 PPI 物价指标之间走势分化，不仅让当前经济形势更加难以判断，而且货币政策发力"稳增长"时极大可能进一步推高物价指标，货币政策操作陷入"两难"境地。

宏观调控难度上升的表现之二是 CPI 与 PPI 背离会降低资源配置效率，不利于货币政策"稳增长"目标的实现。央行《中国货币政策执行报告》明确指出，物价运行呈现出更加复杂的结构化特征，价格指标的结构化特征与总需求结构失衡有着密切的联系。CPI 与 PPI 背离可能导致资源在不同行业之间的配置扭曲，降低资源配置效率，对经济增长造成不利影响。央行在《中国货币政策执行报告》中多次探讨应该如何正确看待 CPI 与 PPI 的背离，CPI 与 PPI 的背离时期货币政策应参考哪个指标来把握通胀、实际利率水平，由此可以看出决策层对于 CPI 与 PPI 背离的高度关注。

CPI 与 PPI 背离的成因和表现形式本身具有一定的复杂性，因此厘清 CPI 与 PPI 背离的相关问题对改善宏观调控效率具有重大现实意义。

第一，我国 CPI 与 PPI 背离的成因较为复杂，受到多方面因素的影响。比如，伍戈和曹红钢（2014）考察了贸易部门相对非贸易部门生产率的快速提升、政府支出、居民收入、货币和大宗商品价格冲击 4 个影响因素，吴立元和倪红福（2022）考察了产业链延长、结构转型与统计构成 3 个影响因素。对于不同驱动因素引起的 CPI 与 PPI 背离需要有不同的应对方式，例如，成本推动型通胀可以通过加大补贴等产业政策提高农户积极性，保证食品供给和食品价格平稳运行，从供给端缓解通胀压力（陈彦斌，2019）。需求拉动型通胀则可以使用货币政策加以应对，例如，采用紧缩的货币政策回收过剩的流动性，从而为过热的经济体"降温"。因此准确识别 CPI 与 PPI 背离的成因能够使得宏观调控更好地对症下药，从根本上解决 CPI 与 PPI 背离问题。

第二，我国 CPI 与 PPI 背离的类型较为复杂，而非呈现单一化的特征。从图 1-1 可以看出，2006 年以来 CPI 和 PPI 背离可以划分为四个阶段：一是 2011—2016 年，CPI 正增长，而 PPI 增速持续为负，与 CPI 出现了长达四年半的背离；二是 2016—2018 年，PPI 增速大幅上升远超 CPI 增速；三是 2019—2020 年，CPI 有过热迹象，但是 PPI 持续收缩；四是 2021—2022 年，PPI 增速再次大幅上升超过 CPI 增速。在上述时间段，我国 CPI 与 PPI 呈现显著的分化走势并且持续了较长时间，但是有些时期 PPI 增速大幅高于 CPI 增速，而有些时期 PPI 增速明显低于 CPI 增速。考

虑到不同时期 CPI 与 PPI 背离在 CPI 与 PPI 孰高孰低、背离的持续时间等
方面表现较为复杂，所以系统研究 CPI 与 PPI 背离有助于明确宏观调控的
应对思路。

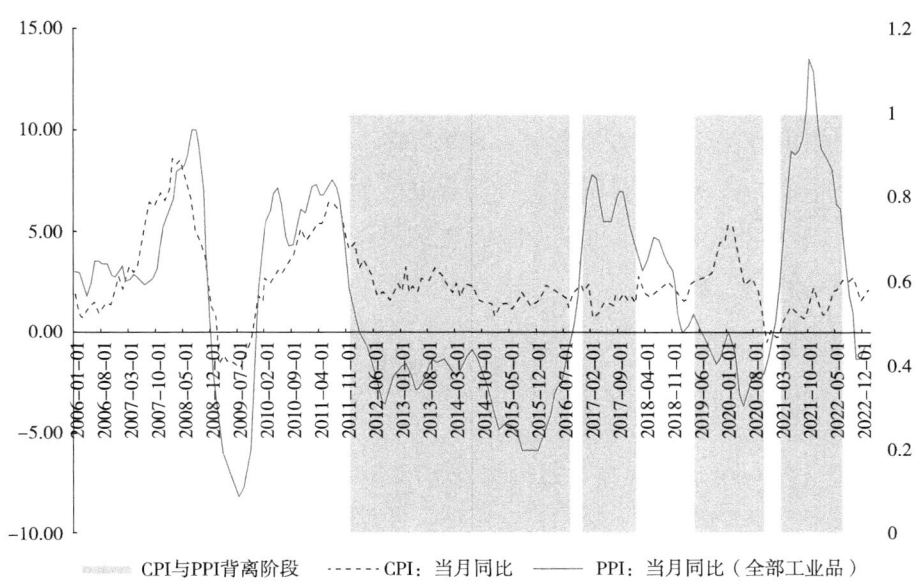

图 1-1 2006 年以来中国发生的四轮 CPI 与 PPI 背离界定

数据来源：国家统计局。

同时，本书构建计量模型和动态随机一般均衡模型（DSGE）研究 CPI
与 PPI 背离问题，具有一定的理论意义。首先，已有文献大多关注了某一
轮次 CPI 与 PPI 背离，对 2011 年以来多轮 CPI 与 PPI 背离尚未进行系统
的对比。侯成琪等（2018）和赵佳丽等（2018）对 2012—2016 年 CPI
与 PPI 背离的成因进行识别，吴立元等（2020）、许光建和马祎明
（2021）研究了 2020 年新冠疫情前后 CPI 与 PPI 背离现象。其次，已有
文献对于 CPI 与 PPI 背离的成因等问题尚存在一定的分歧，仍需要进一
步研究。CPI 与 PPI 背离的成因究竟是什么，大宗商品（高东胜，2011；
侯成琪等，2018；张怀清等，2019；吴立元等，2020）、货币政策（李
斌，2010；陈永志和朱炎亮，2011；徐臻阳等，2019）和供给侧（赵佳
丽等，2018）等因素，分别对 CPI 与 PPI 背离会产生怎样的影响等问题

仍需要进一步探讨。有鉴于此，本书构建统一的研究框架，对我国 2011 年以来多轮 CPI 与 PPI 背离的影响、成因和对策等重要问题进行了较为深入的研究。

综上所述，2011 年以来 CPI 与 PPI 背离时间之长、背离程度之大引发了社会各界的广泛讨论，CPI 与 PPI 背离问题较为突出。然而关于 CPI 与 PPI 背离影响、成因和对策等关键问题尚未得到充分解答，相关研究具有重大研究价值，具有重要的学术和政策意义，符合我国高质量发展的时代主题。本书的后续章节将围绕这一话题进行严谨、扎实的学理分析和学术研究，以期能够增加对 CPI 与 PPI 背离的理解，进而对我国相关政策实践具有一定的参考意义。

1.2　研究问题的界定

2011 年以来，我国物价指标呈现 CPI 与 PPI 背离的特点，有两个典型特征：一是 CPI 与 PPI 增长呈现分化的趋势，二者增速的差值较大；二是 CPI 与 PPI 所指示的经济冷热程度相反，导致央行货币政策操作陷入两难局面。具体而言，根据物价指标所反映的经济冷热情况，本书将 CPI 与 PPI 背离划分为正向背离和反向背离。当 CPI 温和上涨甚至处于下行周期，而 PPI 存在较为明显的通胀迹象，本书将其定义为正向背离[1]；当 CPI 处于上行周期，而 PPI 持续收缩，本书将其定义为反向背离。

根据现有文献，CPI 与 PPI 背离的测度主要有三种方式，一是使用 CPI 同比增速与 PPI 同比增速的差值（贺力平等，2008；邵军等，2022；倪红福等，2023）；二是使用 CPI 与 PPI 定基比[2]（伍戈和曹红钢，2014；侯成琪等，2018）；三是使用移动平均技术计算当期 PPI 偏离 CPI 趋势的偏离率（赵佳丽等，2018）。其中第一种方法 CPI 与 PPI 同比增速差值最

---

①　考虑到第一轮（2011—2016 年）CPI 与 PPI 背离呈现 PPI 增速超过 CPI 增速的特征，所以本书将符合这一特征的 CPI 与 PPI 背离界定为"正向背离"，反之则为"反向背离"。

②　为消除基期不同带来的影响，伍戈和曹红钢（2014）设定 2003 年 1 月份的 CPI 和 PPI 各为 100，根据此后各月的环比增速计算 CPI 和 PPI 的定基比。

为常用。从图 1-1 与图 1-2 对比可以看出，增速差与定基比两种方式界定的结果是一致的。同时考虑到趋势偏离率的计算需要对原始数据进行加工处理，然后提取趋势项，所以会损失与价格指标波动率相关的重要信息。鉴于此，本书采取最常用的做法，即使用 CPI 与 PPI 同比增速差值界定 CPI 与 PPI 背离。本书参考倪红福等（2023）的研究，将 CPI 与 PPI 差值的绝对值大于 2% 并且持续时间超过 6 个月的定义为 CPI 与 PPI 背离。这一定义从背离程度与持续时间两个维度对 CPI 与 PPI 背离的时间段进行了限制。

进一步的，为了剔除基数效应的影响，本书还使用 CPI 定基指数与 PPI 定基指数对 CPI 与 PPI 背离进行界定。具体而言，首先将 CPI 与 PPI 转换为以 1997 年对应月份为基期的价格指数，然后使用 X-13 方法进行 CPI 与 PPI 定基指数的季节调整，调整后的数据如图 1-2 所示。从图 1-2 可以发现，2011 年以前 CPI 与 PPI 定基指数走势呈现高度一致性，但是在 2011 年之后，CPI 定基指数保持稳定增长，而 PPI 定基指数持续上下波动。2011—2016 年 CPI 与 PPI 之间呈现明显的"喇叭口"；2016—2018 年由于 PPI 增速超过 CPI 增速，所以"喇叭口"逐渐收敛，其后一直保持较为平稳的走势。但是 2019—2020 年随着 CPI 通胀与 PPI 通缩的发生，"喇叭口"又有所放大，并在 2021—2022 年 CPI 与 PPI 背离期间呈现收敛趋势。由此可以发现，使用定基指数界定的 CPI 与 PPI 背离与前文同比增速界定的结果具有一致性，当 CPI 与 PPI 背离以 CPI 通胀 PPI 通缩为主要特征时，定基指数"喇叭口"增大；当 CPI 与 PPI 背离以 CPI 通缩 PPI 通胀为主要特征时，定基指数"喇叭口"减小。

2008 年金融危机以来，我国发生过多轮 CPI 与 PPI 背离。其中，第一轮 CPI 与 PPI 背离发生于 2011 年 12 月至 2016 年 8 月，背离周期达 57 个月，是持续时间最长的一次。在此期间，CPI 正增长，而 PPI 增速持续为负，CPI 与 PPI 增速差平均为 4.86%。第二轮背离发生于 2016 年 12 月至 2018 年 1 月，PPI 增速大幅上升，远超同期 CPI 增速，CPI 与 PPI 增速差平均为-4.54%。这一轮 CPI 与 PPI 背离主要是因为输入性因素引起大宗商品价格大幅上升，同时去产能和环保限产支撑了这一时期的工业品价

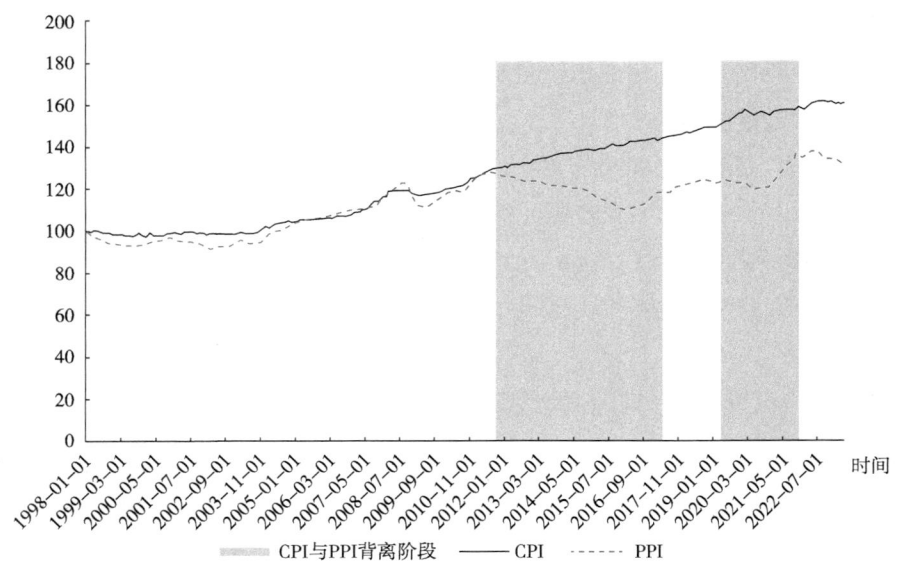

图 1-2　20 世纪 90 年代以来中国 CPI 与 PPI 定基
（1997 年 1 月＝100）季节调整后变化

数据来源：国家统计局。

格。第三轮 CPI 与 PPI 背离发生于 2019 年 5 月至 2020 年 11 月，这一时期 CPI 有过热迹象，但是 PPI 持续收缩，前后共持续 18 个月，CPI 与 PPI 增速差平均为 4.59%。这一轮 CPI 与 PPI 背离主要原因是受非洲猪瘟疫情影响，生猪产能持续下滑，猪肉供给减少导致价格大幅上涨。第四轮 CPI 与 PPI 背离发生于 2021 年 3 月至 2022 年 6 月，以 PPI 快速上涨为主要特征，持续时间 16 个月，CPI 与 PPI 平均增速差达到-7.51%。其中供需错配引起的大宗商品价格上涨、国际输入等因素，是推动 PPI 同比涨幅创历史新高的主要原因。

从全球范围看，许多经济体呈现 CPI 与 PPI 走势的分化现象。从图 1-3 可以看出，不管是发达国家还是发展中国家，近年来都出现了多轮 CPI 与 PPI 背离的情况，尤其是 2020 年全球疫情以来，CPI 与 PPI 走势明显分化。一方面，与发达经济体相比，发展中国家 CPI 与 PPI 背离的现象更为常见。发达经济体的 CPI 与 PPI 走势相对平稳，而发展中国家 PPI 走势则呈现较大的波动性，加剧了 CPI 与 PPI 背离的发生。究其原因，发达经济体在大宗商品的国际定价方面有更强大的话语权。国际大宗商品价格通常以期货市场价格为参照依据。美国、英国和日本等大宗商品的主导国家凭借自身强大的经济实力和市场基础，形成了一些著名的国际定价中心，对全球大宗商品定价产生了较大影响。另一方面，2020 年之后受到疫情影响，叠加前期宽松的货币政策释放的大量流动性，绝大多数经济体的 PPI 水平迅速攀升，以巴西、法国为代表的许多经济体的 PPI 都达到了历史最高点。其中，巴西 PPI 增速在 2021 年一度上升至 106.82%，创下了历史新高。法国的 PPI 增速也从 2020 年 4 月的-3.94% 低点迅速上升至 2021 年 12 月的 18.48%。由此可以看出，CPI 与 PPI 背离已成为全球较为普遍的经济现象。

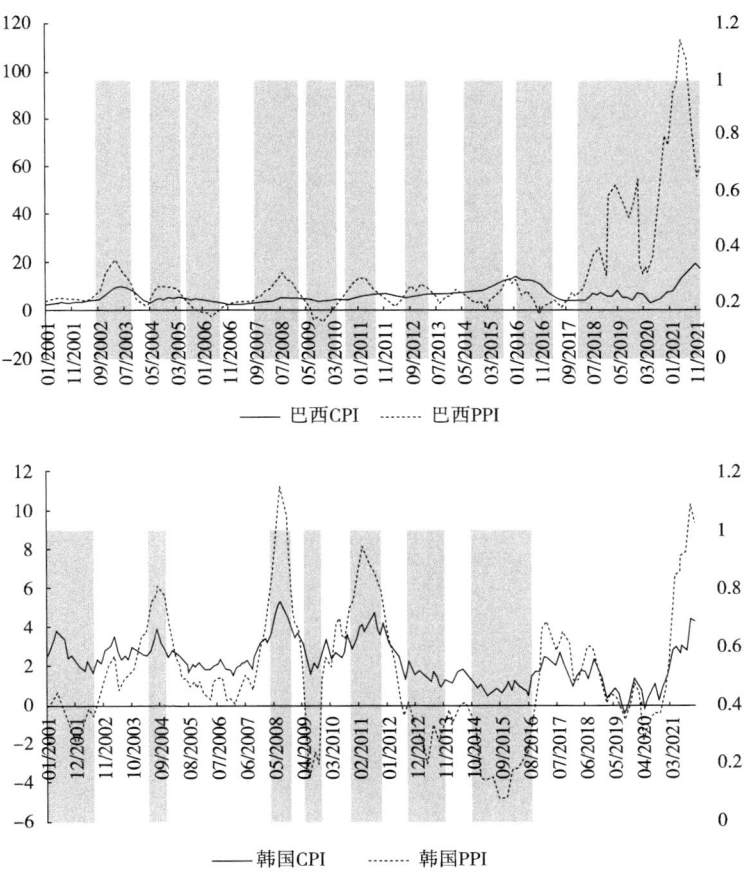

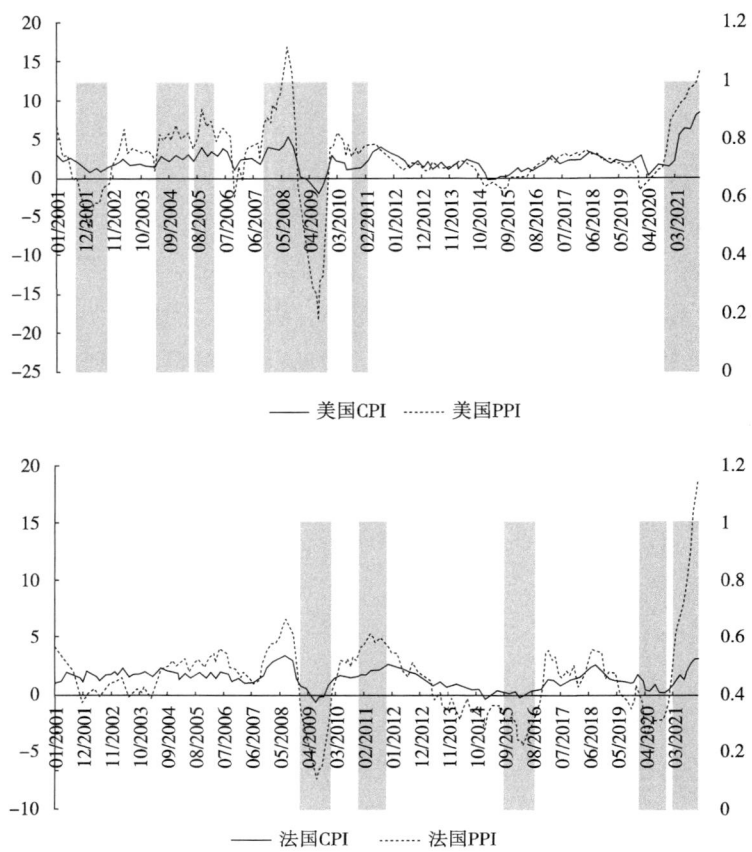

图 1-3　全球主要经济体 CPI 与 PPI 走势及背离区间

数据来源：World Bank Open Data（2023）。

1.3　研究思路和主要内容

1.3.1　研究思路

图 1-4 概括了本书的主要研究思路。如技术路线图所示，本书将系统梳理多轮 CPI 与 PPI 背离的情况和特征，分析 CPI 与 PPI 背离未来可能面临的风险与挑战。事实上，2011 年以来，我国 CPI 与 PPI 背离频繁发生，是物价领域一个广泛出现的一般性现象。基于此，本书首先在 CPI 与 PPI

背离的背景下构建一个状态依存局部投影模型（Local Projection，LP），研究
CPI 与 PPI 背离时期的货币政策有效性相对于正常时期发生了何种变化，
进而研究 CPI 与 PPI 背离对货币政策"稳增长"效果的影响。其次使用机
器学习方法进行变量选择和参数估计，识别 CPI 与 PPI 背离最关键的影响
因素。再次构建 DSGE 模型对识别出来的影响因素进行数值模拟，分别研
究正向背离和反向背离的形成机制，进而考察货币政策规则调整和产业结
构升级对 CPI 与 PPI 背离的影响。最后基于对中国 CPI 与 PPI 背离问题的
理解，并且结合定量模型的实证结果和数值模拟结果，针对从根本上解决
CPI 与 PPI 背离问题提出相应的政策建议。

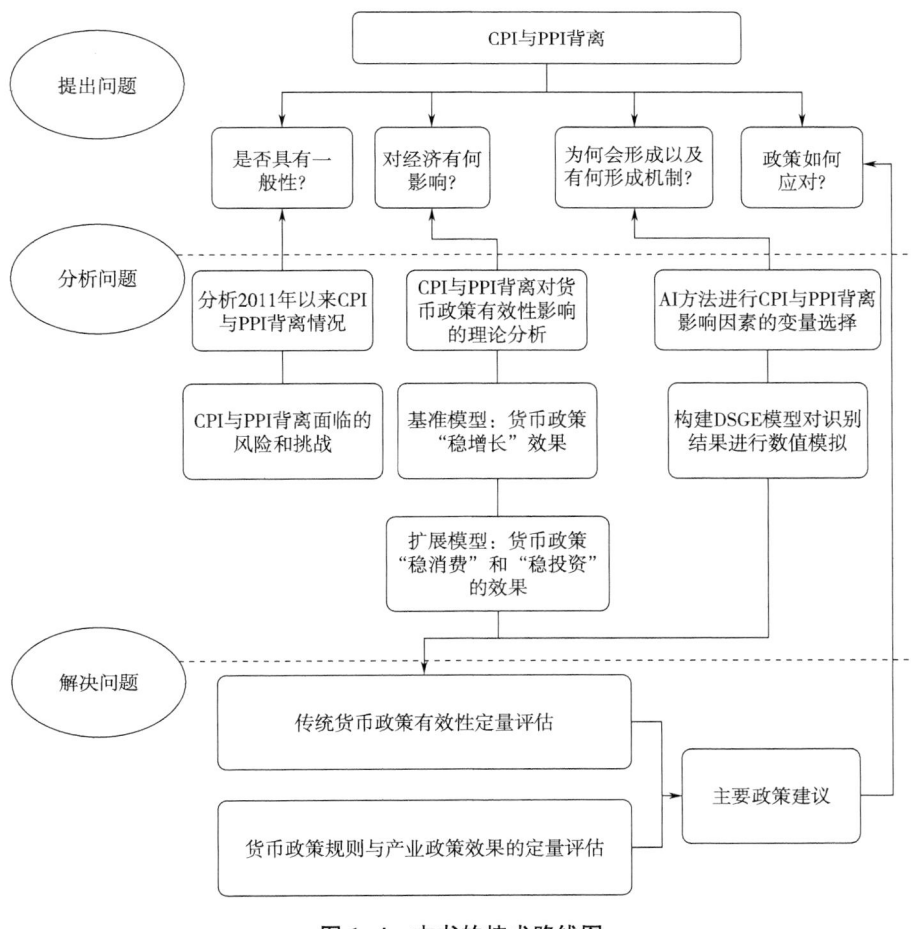

图 1-4 本书的技术路线图

1.3.2 主要内容

本书由 7 章构成。

第 1 章绪论，对本书的研究背景与研究意义、研究问题界定、主要研究思路和研究内容、研究方法，以及本书的创新点进行阐述。

第 2 章对国内外 CPI 与 PPI 背离相关文献进行梳理，系统分析了已有文献对 CPI 与 PPI 背离的影响、成因、对策的研究，梳理和评述了相关文献研究进展，为本书的创新打下理论基础。

第 3 章系统梳理不同阶段的 CPI 与 PPI 背离，在此基础上对当前及中长期内物价领域 CPI 与 PPI 背离面临的风险挑战进行剖析。研究发现，2011 年以来，我国 CPI 与 PPI 背离频发，背离时间之长、背离程度之大，不仅影响公众预期的形成，而且对央行决策产生了一定影响幅度。此外，未来我国物价领域 CPI 与 PPI 背离还面临着国外及国内多重因素冲击的风险挑战，需要警惕全球产业链供应链风险加大，国外环境日趋复杂，国内总需求结构失衡，可能进一步加剧我国 CPI 与 PPI 背离问题。

第 4 章对 CPI 与 PPI 背离时期的货币政策有效性进行理论分析，并使用状态依存 LP 方法进行实证研究检验。研究发现，正常时期以及 CPI 与 PPI 背离时期的货币政策效果明显不同。正常时期，宽松的货币政策可以有效促进经济复苏，因此加大货币政策力度能够较好实现"稳增长"目标。在 CPI 与 PPI 背离时期，宽松货币政策的"稳增长"效果显著弱于正常时期，货币政策的逆周期调节效果明显减弱。进一步研究表明，CPI 与 PPI 背离时期货币政策"稳消费"有效性减弱程度较大，"稳投资"有效性受到的影响相对有限。

第 5 章使用随机森林（random forest，RF）等机器学习方法，以及 SHAP 值可解释性方法（shapley additive explanations）进行变量选择和参数估计，全面分析了 CPI 与 PPI 背离的 20 多个潜在影响因素重要性权重及其动态变化。研究发现，第一，大宗商品价格是 CPI 与 PPI 背离最重要的影响因素。大宗商品价格在 CPI 与 PPI 背离时期的重要性权重高于正常时期，并且重要性权重持续增强，在 CPI 与 PPI 背离全部影响因素中排名第一位。第二，流动性因素、债务因素也是 CPI 与 PPI 背离的重要影响因素。第三，与已有文献得到的结论不同，本书发现在 CPI 与 PPI 背离期间需求侧因素、供给侧因素的重要性权重低于正常时期，尤其在近期发生的几轮 CPI 与 PPI 背离，供给侧因素重要性权重排名位于最后。

第 6 章构建 DSGE 模型分析了 CPI 与 PPI 背离的形成机制，复制再现不同类型的 CPI 与 PPI 背离，进而模拟货币政策规则调整和产业结构升级对 CPI 与 PPI 背离的影响。研究发现，大宗商品价格变动是 CPI 与 PPI 背离的重要成因，具体而言，大宗商品价格冲击使 PPI 呈现较大的波动性，而上下游价格黏性异质性使 PPI 对 CPI 的影响非常有限。同时，通过对比不同货币政策规则下产出和通胀的波动性，结果表明除非产出稳定目标在央行福利损失函数中权重很高，否则货币政策盯住大宗商品价格和 CPI 变化率的加权平均值能够有效降低经济波动幅度。此外，通过对比产业结构升级前后的脉冲响应结果，本书发现服务深化是产业结构升级的重要表现，由此引致的上游工业品厂商价格黏性上升，会对宏观经济以及 CPI 与 PPI 背离形成"稳定器"效应。

第 7 章总结全书内容、提出政策建议，并阐述了未来进一步的研究方向。本书认为，解决 CPI 与 PPI 背离可以从五个方面入手。一是决策层和社会各界要高度关注 CPI 与 PPI 背离问题，减少 CPI 与 PPI 背离发生的概率，而当 CPI 与 PPI 背离发生时要尽可能减少背离持续的时间。二是在 CPI 与 PPI 背离时期货币政策应该盯住大宗商品价格和 CPI 变化率的加权平均值，但要注意保持大宗商品价格在货币政策规则中的合理权重，不能因此而忽视 CPI 变动。三是加强央行预期管理，在完善预期管理框架的基础上，进一步优化沟通策略，增强预期管理的公信力，同时加强对市场预期的监测，进而稳定通胀预期。四是着力优化总需求结构和产业结构，从收入与支出两端共同发力提振消费，有效化解 CPI 与 PPI 背离对总需求结构的扭曲，并且促进各产业实现协调发展，降低上下游厂商间价格黏性的异质性，防止出现资源配置的无效率。五是化解 CPI 与 PPI 背离需要多项经济政策协调配合，各类政策在政策力度、政策期限等方面存在一定的矛盾冲突，因此应该增强宏观政策取向的一致性，加强传统货币政策与央行预期管理的协调配合，同时加强长短期政策的协调配合，多措并举形成政策合力。

1.4　研究方法介绍

本书综合使用了状态依存 LP 方法、机器学习方法和定量宏观模型研究方法。

1.4.1　状态依存 LP 方法

本书使用状态依存 LP 方法对比正常时期和 CPI 与 PPI 背离时期货币政策有效性的差异，进而分析 CPI 与 PPI 背离对货币政策“稳增长”的影响。针对货币政策有效性的实证分析主要有两种模式，一是使用 VAR 类方法，二是使用状态依存 LP 方法。与向量自回归（VAR）类方法相比，状态依存 LP 方法具有两个优势：一是状态依存 LP 方法是通过构建单方程模型，使用局部近似的方法估计脉冲响应，不需要假设数据的生成过程服从向量自回归过程，从而可以在一定程度上减少模型的误设。二是使用门限 VAR 模型或者机制转移 VAR 模型等多方程模型，对不同状态下的货币政策冲击效果进行估计，不仅需要估计方程中的参数，还需要估计与状态转移概率相关的参数。这使得模型的待估参数数量过多，从而影响估计的准确性。但是状态依存 LP 方法通过构建简洁的单方程模型有效解决了参数过多的问题，提高了模型的准确性。

1.4.2　机器学习方法

本书使用机器学习模型进行变量选择和参数估计，进而识别 CPI 与 PPI 背离最关键的影响因素。CPI 与 PPI 背离影响因素的实证分析主要有两种模式：第一种是广义矩估计（generalized method of moments，GMM）方法、时变参数向量自回归（TVP-VAR）和结构向量自回归（SVAR）等传统实证方法；第二种是机器学习方法。

与 GMM、VAR 等传统实证方法相比，机器学习方法具有三个优势：一是机器学习方法能够考察 CPI 与 PPI 背离的更多潜在影响因素。如果包含的变量太多，传统方法会产生模型求解的复杂性与不稳定性（Fan et al.，2014），因此能考察的 CPI 与 PPI 背离影响因素维度相对有限，可能遗漏部分重要的潜在影响因素。机器学习方法可以在统一的研究框架下，计算 CPI 与 PPI 背离各类影响因素的重要性权重，对 CPI 与 PPI 背离最关键的影响因素进行识别。二是传统实证与模型方法通常需要事先给定模型的形式以及变量间的结构关系，但是背离影响因素和宏观经济变量 CPI 与 PPI 之间存在复杂的非线性关系，事先设定的模型形式与现实存在较大偏差。机器学习方法不需要事先设定自变量与因变量间关系的函数形式，同时该模型框架更加灵活，计算和求解能力大幅提升，能深入挖掘各潜在影响因素与 CPI、PPI 背离之间的非线性关系，从而能够更准确地对 CPI 与 PPI 背离的潜在影响因素进行筛选。三是机器学习方法可以分析各类影响因素在不同轮次 CPI 与 PPI 背离中重要性权重的动态变化，从而便于对 CPI 与 PPI 背离的规律性特征以及时变特征进行总结。

1.4.3　定量宏观模型研究方法

本书构建上下游垂直生产结构 DSGE 模型进行数值模拟，复制再现了正向背离和反向背离，研究了货币政策规则调整和产业转型升级是否有助于解决 CPI 与 PPI 背离。之所以从垂直生产结构的视角出发构建 DSGE 模型，是因为 CPI 与 PPI 分别代表下游厂商与上游厂商面对的价格水平，二者之间存在正向传导和反向倒逼机制。根据价格传导规律，PPI 的变化通过投入—产出关系向下传导至消费品生产，引起 CPI 的同向变化，是 PPI 对 CPI 的正向传导机制。CPI 的波动会对 PPI 带来一定的反馈作用，引起 PPI 的同向变化，是 CPI 与 PPI 的反向倒逼机制。2011 年以前，我国 CPI 与 PPI 在正向传导和反向倒逼双重机制的作用下呈现一致的走势，但 2011 年以后 CPI 与 PPI 走势不断分化。因此，本书主要从价格上下游传导的角度出发进行研究，在机器学习方法识别出 CPI 与 PPI 背离最关键因素的基础上，构建定量宏观模型分析 CPI 与 PPI 背离的形成机制。

1.5　创新与理论贡献

本书的创新有四个方面。

第一，本书较早研究了 CPI 与 PPI 背离视角下货币政策的有效性，是已有文献较少涉及的。本书首先从货币政策传导的利率渠道、信贷渠道对 CPI 与 PPI 背离如何影响货币政策有效性的传导机制进行分析，为深入理解 CPI 与 PPI 背离以及货币政策有效性之间的关系提供了理论基础。然后，构建状态依存 LP 方法实证检验了 CPI 与 PPI 背离时期，以及正常时期货币政策"稳增长"效果的差异，并且使用消费、投资分项数据对比了两个时期货币政策向实体经济传导的效果，从而较为系统地分析了 CPI 与 PPI 背离对货币政策有效性的影响。

第二，本书使用机器学习方法进行变量选择和参数估计，识别出 CPI 与 PPI 背离最关键的影响因素，是对已有文献的有益补充。本书主要进行了两项工作。一是在中国 2006—2022 年的月度数据基础上，充分考虑 CPI 与 PPI 背离相关理论，国内学者提出的 CPI 与 PPI 背离影响因素，以及中国 CPI 与 PPI 背离的现状，采取模块化和多维度的设计思路，构建了包含需求、供给、流动性、债务、大宗商品、预期和成本六大类影响因素（共计 20 个影响因素）的指标体系，较为完整全面地覆盖了 CPI 与 PPI 背离的潜在影响因素。二是综合使用随机森林和 SHAP 值可解释性方法，在统一的研究框架下计算了 CPI 与 PPI 背离各类影响因素的重要性权重。与传统实证方法相比，机器学习方法可以利用数据找到最优的函数形式，既可以考察 CPI 与 PPI 背离的更多潜在影响因素，又能深入挖掘变量之间的非线性关系，降低了模型的变量选择误差。进一步的，本书在准确界定 CPI 与 PPI 背离时期的基础上，分析了各类影响因素重要性权重的动态变化，从而便于对 CPI 与 PPI 背离的规律性特征以及时变特征进行总结。

第三，本书构建了一个包含上下游厂商的动态随机一般均衡模型，在机器学习模型识别出 CPI 与 PPI 背离最关键因素的基础上，对大宗商品价格冲击引起 CPI 与 PPI 背离的传导机制进行了数值模拟。本书在 DSGE 模型中引入了更加符合中国国情的设定。在结构性摩擦方面，本书考虑了上下游价格黏性异质性对价格传导的阻碍，在上下游垂直生产结构 DSGE 模型中，引入了服务业占比上升带来的下游厂商价格黏性增强，从而在保证模型能够求解的基础上，刻画了上下游价格传导不畅的特殊情况。在外生冲击方面，本书将大宗商品价格冲击引入模型，在机器学习模型识别出大宗商品价格是 CPI 与 PPI 背离最关键因素的基础上，对大宗商品价格冲击引起 CPI 与 PPI 背离的传导机制进行了数值模拟，从而保证选取大宗商品价格作为外生冲击是合理的。上述设定不仅使模型更加符合 2011 年之后的现实情况，而且能够更加准确地评估货币政策规则调整和产业结构升级的政策效果。

第四，本书的政策建议是基于实证检验和数值模拟而提出的，具有较为充分的理论依据。本书在构建 DSGE 模型的基础上，可以进行政策模拟，定量评估货币政策盯住大宗商品价格与 CPI 变化率的加权平均值、产业结构升级对经济波动和 CPI 与 PPI 背离的影响，为本书的政策建议提供了量化依据。然后，本书结合我国 CPI 与 PPI 背离的现实情况，得到具有较高可行性且符合中国国情的政策措施以应对 CPI 与 PPI 的背离。

2   文献综述

整体上说，已有文献从 CPI 与 PPI 背离的影响、成因和对策等方面展开了理论研究，但是大多关注了某一轮 CPI 与 PPI 的背离，缺乏对 2011 年以来多轮 CPI 与 PPI 背离的对比研究，相关领域有待进一步的研究和完善。其中，部分文献研究了 CPI 与 PPI 背离对货币政策有效性的影响。已有文献重点关注了 CPI 与 PPI 背离的成因，即大宗商品价格（侯成琪等，2018；吴立元等，2020）、流动性（李斌，2010）等一个或几个因素如何引起 CPI 与 PPI 的背离。但现有文献考虑 CPI 与 PPI 背离的多方面影响因素的较少，并且以定性研究（刘伟和蔡志洲，2008；许坤等，2019）为主。

2.1   CPI 与 PPI 背离的影响

现有研究从价格信号失真、通胀预期形成等角度，对 CPI 与 PPI 背离的宏观影响进行了定性分析，认为 CPI 与 PPI 背离会增加宏观政策制定的难度，导致宏观政策陷入两难。同时 CPI 与 PPI 背离给物价走势以及经济形势判断带来了困难和挑战。由此可以看出，已有文献就 CPI 与 PPI 背离问题的重要性达成了共识。但是定量研究 CPI 与 PPI 背离影响的文献较少，并且缺乏对 CPI 与 PPI 背离影响理论机制的探讨。

侯成琪等（2018）较早研究了 CPI 与 PPI 背离对货币政策的影响，发现相比于仅盯住 CPI 的货币政策，同时盯住 CPI 与 PPI 的货币政策能够降低通货膨胀的波动性，主要是因为大宗商品价格变动时，PPI 价格黏性的存在使得工业品厂商无法迅速调整价格达到市场均衡，从而要求货币政策将 PPI 纳入指标体系并及时作出反应。刘金全和张龙（2018）研究了 CPI

与 PPI 背离与货币政策传导之间的关系，发现货币政策可以有效传导至价格端，总体而言，CPI 与 PPI 相对背离冲击具有一定正向宏观经济效应，并未对宏观经济产生"外部不经济"。上述文献分别研究了 CPI 与 PPI 背离对宏观经济波动性以及变动方向的影响，提出了新的视角和洞见，但上述文献仅考虑了 CPI 与 PPI 背离状态下货币政策的有效性，缺乏对 CPI 与 PPI 背离如何影响货币政策有效性机制的分析，并且没有充分考虑不同状态下货币政策有效性的差异。

就 CPI 与 PPI 背离影响的理论机制而言，CPI 与 PPI 背离增加了经济政策的不确定性（吴立元等，2020；倪红福等，2023），进而导致货币政策有效性下降。阿尔潘达和祖拜里（Alpanda and Zubairy，2019）使用状态依存 LP 方法对货币政策向价格的传导进行了实证检验，发现一单位正向的货币政策冲击会导致初始物价负增长，在若干个季度后影响才由负转正，他们将这一现象称为"价格谜题"。刘金全等（2021）将经济政策不确定性指数划分为三个区制，构建时变参数向量自回归模型研究了不同经济政策不确定性下的货币政策有效性，结果表明经济政策不确定性程度上升，会导致货币政策有效性下降。在不确定性程度较低的区制，适当调整数量型货币政策就可以达到预期效果，而在不确定性程度较高的区制，数量型货币政策有效性下降，需要加大政策力度以达到预期效果。相关文献为关于不同状态下货币政策有效性的差异提供了重要洞见，也为理解 CPI 与 PPI 背离对货币政策有效性的影响提供了新的视角，但在研究中没有解释 CPI 与 PPI 背离这一非常典型的现象，也没有讨论与此相关的货币政策传导路径。

通过对现有文献进行分析可以发现，CPI 与 PPI 背离将通过微观效应、宏观效应等渠道对货币政策有效性产生影响。

2.1.1 微观效应方面

当 CPI 与 PPI 背离时会导致经济政策不确定性程度上升，导致货币政策对企业行为、居民消费、就业的调节作用下降，因此货币政策影响实体经济的有效性下降。布鲁姆（Bloom，2007）对股市波动率进行实证检验，发现当美国股市波动率较高时会引起就业与投资规模的缩减，意味着货币政策宏观调控的有效性下降。王义中和宋敏（2014）使用中国上市公司资金需求详细用途数据进行实证研究，发现高宏观经济不确定性会减弱外部需求、流动性资金需求和长期资金需求三个渠道对公司投资的正向促进作用，引致货币政策变动对需求的总体影响减弱。李凤羽和杨墨竹（2015）使用经济政策不确定性指数（economic policy uncertainty，EPU）衡量我国经济政策的不确定性，发现经济政策不确定性的上升会抑制企业投资，在2008 年之后这种抑制作用更为明显。段梅（2017）从信贷视角考察了经济政策不确定性冲击对货币政策有效性的影响，结果表明较高的经济政策不确定性冲击会引起企业短期借款减少，导致货币政策对企业信贷融资的调节作用下降。饶品贵等（2017）使用中国经济政策不确定性指数，检验了中国经济政策不确定性对企业投资的影响，发现经济政策不确定性升高导致企业投资显著下降，而且对于政策敏感度高的企业，投资下降的情况更为明显。杨铭和干杏娣（2018）基于上市公司数据研究了经济政策不确定性对货币政策就业效应的影响，实证结果表明经济政策不确定性对货币政策就业效应存在抑制作用，其中对非国有企业的抑制作用大于国有企业，对非工业企业的抑制作用大于工业企业。苏治等（2019）从企业投资视角考察了经济不确定性对货币政策的影响，发现经济不确定性的增加会导致投资者避险情绪上升，利率变动带来的投资需求变动幅度下降，进一步导致经济产出与价格水平变动幅度下降，从而弱化了货币政策调控效果。李成和于海东（2021）使用经济政策不确定性指数和中国家庭追踪调查（CFPS）数据进行实证检验，发现经济政策不确定性通过预防性储蓄渠道、财富效应渠道对居民消费产生负向影响，不同种类的政策其不确定性影响有差异，其中财政政策不确定性的影响最大，货币政策和贸易政策次之，汇率政策最弱。南永清等（2022）构建 TVP-SV-VAR 模型，考察了经济政策不确定性对居民消费行为的影响，结果表明经济政策不确定性会对居民消费支出产生负向影响，但随着时间的推移和经济主体对政策冲击的充分感知，经济政策不确定性对消费的负向冲击会有所缓解。蒋瑛等（2022）构建四变量 VAR 模型，发现经济政策不确定性会对经济波动、消费需求和投资需求产生负向影响，导致货币政策稳增长的有效性下降。

2.1.2 宏观效应方面

现有研究构建实证模型对不确定性条件下货币政策传导的有效性进行检验，可以发现 CPI 与 PPI 背离对经济政策不确定性的影响，将导致货币政策向实体经济传导的效果减弱。赵继志和郭敏（2012）使用因子增强型向量自回归模型研究全球性因素对中国货币政策有效性的影响，结果表明全球性因素会对货币政策传导的幅度、方向、持续性等方面产生影响。这意味着全球性因素与国内因素的协同性导致中国经济不确定性程度上升，以及货币政策传导有效性下降。刘喜和等（2014）构建 DSGE 模型对货币政策有效性进行检验，在模型中刻画了不确定性冲击的不同状态，研究货币政策规则对国内通货膨胀和产出的影响，发现不确定性会对货币政策向实体经济的传导产生较大影响。田磊和林建浩（2016）使用结构性向量自回归模型，系统考察了中国经济政策不确定性的宏观经济效应，结果表明中国经济政策不确定性兼具产出效应和通胀效应。经济政策不确定性对工业销售产值影响较大，并且对价格水平具有明显的负向效应，因此当经济政策不确定性程度较高时，货币政策稳增长、稳产出效果下降。庄子罐等（2016）应用贝叶斯方法估计货币 DSGE 模型，结果表明不确定性对货币政策传导没有方向性的改变，但是从数量上影响货币政策冲击的效果。滕雷罗和思韦茨（Tenreyro and Thwaites，2016）研究发现，与经济衰退期相比，经济繁荣期货币政策工具对名义宏观变量和实际宏观变量的调控效果更好。这主要是因为经济政策不确定性在经济衰退期普遍上升。阿斯特韦特等（Aastveit et al.，2017）构建包含交互项的 VAR 模型，发现较高的经济政策不确定性会导致政策效应减弱。

2.2 CPI 与 PPI 背离的成因

现有文献对 CPI 与 PPI 背离的成因进行了较为丰富的研究，在 CPI 与 PPI 传导理论、实证模型方面形成了大量的研究结果。CPI 与 PPI 分别对应生产链下游和上游的价格水平，因此生产链传递、引致需求等理论，是常见的基于上下游价格传导分析 CPI 与 PPI 背离的理论。其中，生产链传递理论认为，上游生产品价格 PPI 的变化会通过投入—产出关系向下传导到消费品生产中。这意味着当上游原材料、中间品价格变化时，会通过上下游生产关系影响下游消费品的生产成本，引起 CPI 发生同方向变化。引致需求理论认为，CPI 的变动会对 PPI 产生一定的反馈作用，下游消费品的需求增加，供不应求，导致下游消费品价格上升，会促使消费品生产商增加对工业品的需求，市场预期会对原材料和上游工业品的定价产生显著影响，进而引起中上游的中间品价格上升，在这种情况下 CPI 拉动 PPI 同步上升，引起 PPI 的同方向变化。

关于 CPI 与 PPI 传导的生产链传递、引致需求理论主要有两类观点。一是大部分研究认为，生产链传递、引致需求两种理论并不矛盾，CPI 与 PPI 之间存在双向传导机制，上下游价格之间同时存在正向传导与反向倒逼关系。徐伟康（2010）建立 VEC 模型对 CPI 与 PPI 的关系进行检验，发现在短期和长期内 CPI 和 PPI 都互为格兰杰原因，CPI 与 PPI 既存在 PPI 向 CPI 的正向传导，也存在 CPI 向 PPI 的反向传导。张成思（2010）认为，我国上下游价格存在长期均衡关系，具体表现为上游价格 PPI 对下游价格 CPI 具有显著正向传导效应，而下游价格 CPI 对中游价格 RCPI、中游价格 RCPI 对上游价格 PPI 分别通过反向传导产生影响。杨子晖等（2013）从非线性视角对中国等多个国家 CPI 与 PPI 之间的传导机制进行研究，发现上游生产品价格变动将影响下游消费品价格，下游价格也会通过反向倒逼机制对上游价格产生影响。同时，价格的上下游传导机制具有动态演变的特征。二是有部分研究认为，我国主要存在 CPI 向 PPI 的倒逼机制，而 PPI 向 CPI 的正向传导作用不大。贺力平等（2008）认为，CPI 是 PPI 变动的格兰杰原因，PPI 对 CPI 影响较小，因此就国内通货膨胀的影响因素而言，需求侧因素的作用相对大于供给侧因素。何光辉（2009）分别从结构和动态两个视角考察了 CPI 与 PPI 传导机制，发现在总量水平上只有 CPI 引导 PPI，但在趋势分量和周期分量上 CPI 与 PPI 互为因果。上述文献较好地解释了 CPI 与 PPI 之间的传导机制，由此可以看出，在不发生 CPI 与 PPI 背离的正常时期，生产链传递、引致需求使得上下游价格通常同向变动，在这种情况下 CPI 与 PPI 之间的关系符合价格传导规律。

部分文献通过对 CPI、PPI 以及 CPI 分类指数、PPI 分类指数等变量之间的领先滞后与因果关系进行实证检验，分析 CPI 与 PPI 背离的成因。
例如，侯成琪等（2018）进行格兰杰因果检验，发现大宗商品价格的持续
下跌带动了 PPI 生产资料价格的持续下跌，引起 PPI 生产资料价格与 CPI
之间的持续背离，进而导致 2011—2016 年 CPI 与 PPI 背离。赵佳丽等
（2018）认为，大中型工业企业年度新增库存是 CPI 与 PPI 背离的格兰杰
原因。还有一些文献基于动态随机一般均衡（DSGE）模型、向量自回归
（VAR）及 VAR 扩展模型等，对 CPI 与 PPI 背离的成因进行了识别，主要
是从国际大宗商品价格、财政政策、货币政策等角度，分析 CPI 与 PPI 出
现背离的原因。本书梳理相关文献，发现关于 CPI 与 PPI 背离的成因，已
有学者分别从 CPI 影响因素、PPI 影响因素、CPI 与 PPI 共同影响因素展
开研究。

从 CPI 影响因素出发，研究 CPI 与 PPI 背离成因的文献，主要考察了
消费品供给、货币政策、国际石油价格三大类因素对 CPI 与 PPI 背离的影
响。就消费品供给而言，侯成琪等（2018）分析了下游消费品部门的负向
供给冲击对 CPI 与 PPI 持续背离的影响，发现消费品部门的负向供给冲击
降低了消费品的产出，并导致 CPI 上涨以及 CPI 与 PPI 背离。就货币政策
而言，陈永志和朱炎亮（2011）、吴立元等（2020）考察了货币政策宽松
对 CPI 的影响，结果表明当大宗商品价格下降时，导致边际成本下降以及
产出提升，但是价格黏性会引起总需求不足和产出缺口为负，此时央行采
用扩张性货币政策将拉高 CPI 并加剧 CPI 与 PPI 背离程度。就国际石油价
格而言，高东胜（2011）研究了国际石油价格波动对我国 CPI 与 PPI 背离
的冲击效应，发现国际石油价格波动冲击会对居住类价格和食品类价格产
生较大影响，而这两项价格的上升推动我国 CPI 上涨。

从 PPI 影响因素出发，研究 CPI 与 PPI 背离成因的文献主要考察了大
宗商品价格、流动性两大类因素对 CPI 与 PPI 背离的影响。就大宗商品价
格而言，侯成琪等（2018）、吴立元等（2020，2021）分析了大宗商品价
格的负向冲击对 CPI 与 PPI 背离的影响。例如，侯成琪等认为，大宗商品
价格下降导致工业品厂商实际边际成本下降，进而导致 PPI 下跌以及 CPI
与 PPI 背离。吴立元等从劳动力市场分割角度进行了研究，发现大宗商品
价格下降会导致大宗商品投入量增加，一方面会替代部分劳动，另一方面

也会提升劳动的边际产出，但由于前者在总效应中占主导地位，所以导致上游工资以及生产成本下降，进而从 PPI 端推动了 CPI 与 PPI 背离。吴立元等将金融摩擦异质性引入 DSGE 模型，结果表明大宗商品价格下降时，价格黏性导致负向产出缺口的形成，此时央行实施扩张性的货币政策，由于上游融资能力更强，资金更多流向上游，在这种情况下大宗商品和融资成本下降，带动上游企业总成本和 PPI 下降。就流动性而言，李斌（2010）、张成思（2010）考察流动性因素如何引致 CPI 与 PPI 背离。例如，李斌发现，由于房地产、能源供给弹性较小，在需求增加、投机意愿膨胀的助推下最容易出现价格持续上涨。因此，流动性过剩将引发主要由供给弹性较低的资产和能源资源价格上涨带动的通货膨胀。张成思构建向量误差修正（VEC）模型进行实证检验，发现流动性因素对上游价格具有较为显著的动态驱动效果，但对下游价格没有形成明显的动态驱动效果。因此，流动性因素主要通过间接渠道影响下游价格，在一段时间内可能不会直接引起下游居民消费价格变化。

从 CPI 与 PPI 共同的影响因素出发，研究 CPI 与 PPI 背离成因的文献，主要考察了金融摩擦、工业企业库存、劳动力市场、大宗商品价格、投资、全球产业链六大类因素。就金融摩擦而言，徐臻阳等（2019）、吴立元等（2021）研究了金融摩擦对企业融资成本的影响，由于加息时民企（下游厂商）融资成本会上升，而国企（上游厂商）预算软约束降低了企业融资成本，因此导致工业品价格低于消费品价格。相反，降息时由于上游融资能力更强，资金更多流向上游，带动上游企业融资成本和工业品价格下降。就工业企业库存而言，赵佳丽等（2018）构建 PPI 与 CPI 定基价格指数的偏离率指标，从供给端考察我国大中型工业企业年度新增库存对 CPI 与 PPI 背离的影响。就劳动力市场而言，龙少波和陈璋（2013）、吴立元等（2020）分别从劳动力流动成本、劳动力市场摩擦角度，研究了 CPI 与 PPI 背离的成因。龙少波和陈璋发现，劳动力流动成本下降会放大农业部门、工业部门劳动生产率的差异，导致农产品价格上升、工业品价格下降，加大 CPI 与 PPI 背离程度。吴立元等研究了劳动力市场摩擦对 CPI 与 PPI 背离的影响，结果表明大宗商品价格下降带来上游工资下降，由于上下游劳动力市场摩擦的存在，上游劳动力无法自由地向下游流动，上游劳动力成本的变化对下游影响较小，因此劳动力市场摩擦引致 PPI 向 CPI 的传导不畅，甚至出现反向变动的情况。就大宗商品价格而言，张怀清等（2019）研究了大宗商品价格对 CPI 与 PPI 的影响，结果表明 CPI 对大宗商品价格波动的脉冲响应存在阶段性差异，PPI 的脉冲响应趋势基本一致。而经济政策不确定性会弱化大宗商品价格向 CPI 的传导，导致 CPI 与 PPI 无法同步变动。此外，研究结果还表明，大宗商品价格和其他宏观冲击对物价变化的相对重要性，在金融危机前后出现明显变化。就投资而言，张明和谢家智（2015）分析了工业部门投资过多导致工业品难以形成价格上涨压力，同时造成农业部门产能难以提高，从而产生价格上涨压力。就全球产业链而言，魏和谢（Wei and Xie，2018）认为，垂直生产结构的加强引起生产阶段数上升，在这种情况下，随着更多的中间商品被纳入 PPI，CPI 与 PPI 的共同组成部分减少导致 CPI 与 PPI 发生背离。

通过进一步梳理已有文献可以发现，仅有少数文章考虑了多个方面因素对 CPI 与 PPI 背离的影响，但由于传统方法能够识别的变量维度有限，这些文章通常使用定性分析方法进行研究。刘伟和蔡志洲（2008）指出，固定资产投资增长过快、银行流动性过多和国际收支失衡等需求方面因素导致 CPI 与 PPI 背离。许坤等（2019）认为，消费领域总体价格水平结构性上涨的主要原因，是食品价格变化"高增速、强波动、权重大"，深层原因在于居民消费价格指数抽样比例、权重，以及调整周期等与居民物价感知的偏差。许光建和马祎明（2021）考察了食品价格、能源价格对 CPI 与 PPI 背离的影响，具体而言猪肉价格导致食品项乃至 CPI 下降，同时消费端需求修复程度较低限制了非食品项的上升，而大宗商品国际输入型价格上涨推高了生产资料价格和 PPI，引起 CPI 与 PPI 背离程度加深。定量分析的文章数量较少，并且大多使用传统计量方法。其中，伍戈和曹红钢（2014）基于总供给—总需求框架对 CPI 与 PPI 背离的成因进行了系统的分析，实证结果表明，贸易部门相对非贸易部门生产率的快速提升、政府支出、居民收入、货币和大宗商品价格冲击等因素，对中国 CPI 与 PPI 背离产生了显著影响，其主要原因在于以服务业为代表的非贸易部门劳动生产率相对较低，带来了非贸易部门以及 CPI 价格水平的上升。这一现象充分反映出巴拉萨-萨缪尔森效应①的影响。政府支出、居民收入、货币等因素则从需求侧拉高了非贸易部门价格，而大宗商品价格先推高 CPI 和 CPI 与 PPI 背离程度，随着价格传导至生产链上游，将逐渐带动 PPI 水平上升并减弱 CPI 与 PPI 背离程度。

上述文献从不同角度对 CPI 与 PPI 背离的成因进行了研究，有利于更加深入地理解物价领域为什么会产生 CPI 与 PPI 背离的现象，破解"价格机制失效之谜"。

2.3　CPI 与 PPI 背离的对策

现有文献从供给侧结构性改革、货币政策、深层次结构改革等不同的角度提出了应对 CPI 与 PPI 背离的对策。

2.3.1　供给侧结构性改革

产能因素从供给侧对物价水平产生影响，因此需要关注产能利用情况，避免产能过剩引起物价水平下降，进而导致 CPI 与 PPI 背离的发生。同时国际输入因素也会引起物价水平的大幅波动，不利于物价稳定目标的实现。由于我国 CPI 与 PPI 背离的成因具有多元化的特征，因此需要充分重视需求政策以及供给政策发挥的作用，推动宏观经济平稳运行。目前已有文献分析了推进供给侧结构性改革对 CPI 与 PPI 背离的影响。

赵佳丽等（2018）发现，大中型工业企业库存的积累引起 CPI 与 PPI 背离，近年来，供给侧结构性改革的推进使得 PPI 持续负增长的状况得以修正。因此应继续深化供给侧结构性改革，淘汰落后产能，因地制宜调整产业结构，推动地区生产的产业结构转型升级。张怀清等（2019）构建 TVP-VAR 模型发现，国际大宗商品价格是 CPI 与 PPI 背离的重要影响因素，因此提出应加快供给侧结构性改革和产业结构升级，提高资源利用效率，减少国内生产对国际大宗商品的过度依赖，增强我国宏观经济抵御外

① 巴拉萨-萨缪尔森效应是指贸易和非贸易部门劳动生产率的相对变化引起 CPI 与 PPI 背离。其作用机制在于，与非贸易部门相比，贸易部门有更高的生产率，在劳动力市场工资等机制的作用下，生产率的上升会带来贸易品相对非贸易品的价格下降。

部冲击的能力。同时改变出口导向型的经济发展战略，重视内需对经济的拉动作用。吴立元等（2020，2021）构建上下游厂商 DSGE 模型，发现工业原材料和大宗商品的价格变动引起了 CPI 与 PPI 背离，因此需要深入推进供给侧结构性改革，积极化解传统工业中的过剩产能，推动工业原材料和大宗商品价格的基本稳定。

2.3.2 货币政策

除了以供给侧结构性改革为代表的供给政策之外，货币政策也是应对 CPI 与 PPI 背离的重要政策措施。现有文献主要讨论了货币政策应该盯住 CPI 与 PPI，但已有研究尚未达成统一结论，大多数文献倾向于认为货币政策盯住 PPI 有助于降低物价水平的波动率。

黄和刘等（Huang and Liu et al.，2005）在封闭经济模型中引入上下游结构，发现如果 CPI 和 PPI 都存在价格黏性，货币政策忽视 PPI 会产生显著的福利损失，因此央行应关注 CPI 和 PPI，货币政策把通胀目标设定为 PPI 与 CPI 的加权平均可以降低福利损失。有学者研究了开放经济的最优货币政策，结果表明如果中间品价格黏性较大，货币政策应该盯住中间品 PPI（Gong et al.，2016）。彭红枫和肖祖沔（2017）引入连续小波变换分析框架，发现短期内存在 PPI 和 CPI 之间双向价格传导，二者互为领先指标；长期只存在从 PPI 到 CPI 的价格传导，PPI 是 CPI 的领先指标。为了稳定通货膨胀，应当将 PPI 指数尤其是生产者购进价格指数纳入通货膨胀目标，在提升货币政策有效性的同时减少政策时滞。侯成琪等（2018）研究了 CPI 与 PPI 背离时的货币政策选择，发现货币政策同时盯住 CPI 和 PPI 能够降低通货膨胀的波动性，但是会导致产出的波动性上升。这是因为货币政策会对 PPI 的变动进行逆周期调节，抑制了 PPI 和 CPI 大幅上升或下降的趋势。因此除非中央银行极端重视产出稳定，那么同时盯住 CPI 和 PPI 的货币政策可以更好地稳定经济。吴立元等（2020）通过福利角度分析对比了盯住 PPI 和 CPI 的货币政策，发现货币政策盯住 PPI 能够从上游直接稳定冲击的影响，上游工业品面临的需求和价格的变动幅度减小，降低了上下游传导时价格分散带来的配置无效率和福利损失。同时货币政策盯住 PPI 能够减少劳动力在上下游之间的流动，从而减少劳动力市场摩擦带来的配置无效率与福利损失，因此盯住 PPI 的货币政策更优。吴立元等（2021）比较了盯住 PPI 和盯住 CPI 以及盯住加权通胀三种货币政策规则的福利损失，考虑到我国上下游金融摩擦异质性的存在，因此不能忽视 PPI 对经济的信号指示作用，在这种情况下盯住加权通胀带来的福利损失最小，即央行应该兼顾 CPI 与 PPI。

部分文献（田新民和武晓婷，2012；丁慧和范从来，2015）强调货币政策应该锚定 CPI。例如，田新民和武晓婷认为，中央银行在制定和实施货币政策时应关注 CPI 相关指标，可以适度关注核心 CPI 的变化，从而使货币政策在保持长期物价稳定的同时，控制短期的通货膨胀，实现动态平衡。丁慧和范从来通过对我国物价走势的判定研究，认为鉴于中国转型时期通胀因素的叠加性与复杂性，金融宏观调控应综合考虑包括核心 CPI、CPI 在内的多种通货膨胀指标，在维持长期物价稳定的同时，兼顾物价的短期波动。

除了货币政策目标外，现有文献还研究了 CPI 与 PPI 背离时期，货币政策应该采用数量型货币政策还是价格型货币政策。吴立元等（2021）对比了数量型与价格型货币政策的福利损失，结果表明央行应该采用价格型货币政策。这主要是因为货币量增加时，上游资本密集型大企业相较于下游劳动密集型中小企业能得到更多信贷资源，而利率下降时上下游企业均能降低资金成本。同时 CPI 与 PPI 背离时期会伴随经济政策不确定性上升，此时是采用数量型货币政策还是价格型货币政策加以应对，现有文献仍然存在一定的分歧，主要包括两类观点。一是有些学者认为，为了防范经济政策不确定性的影响，应该适时采用数量型货币政策。刘喜和等（2014）将不确定性因素引入开放经济体模型，结果表明数量型和价格型货币政策对治理通货膨胀效果基本相同，数量型货币政策规则对于解决经济增长问题的效果优于价格型规则。梁丰（2019）构建门限自回归（TVAR）模型，探讨经济政策不确定性对我国数量型和价格型货币政策调控效果的影响，研究发现经济政策不确定性对数量型货币政策调控效果产生更大的负向影响。二是一些学者则认为，在经济政策不确定性冲击较大的情况下，中央银行宜选择价格型货币政策。徐宁等（2020）使用抓取《人民日报》和《光明日报》关键词大数据的方法构建 Baker 不确定性指数，并运用含潜在门限变量的时变系数向量自回归（LT–TVP–VAR）模型进行实证检验，结果表明货币政策具有一定程度的相机抉择性，利率市场化的灵活性可以降低经济政策不确定性冲击的影响和风险。

2.3.3 深层次结构改革

现阶段在分析中国 CPI 与 PPI 价格变化的过程中，除了应考虑大宗商品价格波动以及短期需求面变化外，还应充分考虑经济结构转型过程中深层次结构因素的影响，注重考察价格黏性、劳动力市场分割、金融市场扭曲等潜在结构性摩擦等。

现有，文献讨论了金融供给侧结构性改革、国有企业改革、城乡二元制度改革等举措对于 CPI 与 PPI 背离的影响。徐臻阳等（2019）认为，隐性担保导致国企与民企的融资能力具有显著的不同，利率上升带来的自有资金减少对民企融资成本的影响更大。吴立元等（2021）发现，上下游产业链存在金融摩擦异质性，上游企业更为普遍地存在隐性担保。因此一方面要提高国有企业的竞争力和信贷利用效率；另一方面畅通货币政策传导机制，有效化解当前不利于货币政策顺畅传导的体制机制问题。例如，金融机构自主市场化定价机制还不够完善，信用市场的刚性兑付导致风险定价不合理，国有企业隐性担保下信贷资源配置扭曲等问题。应积极推进上游国有企业改革和下游金融供给侧结构性改革，推动利率更有效地传导至实体经济，提高央行进行宏观调控的效率。现有文献关于推进城乡二元制度改革对于 CPI 与 PPI 背离的影响存在一定的分歧。例如，龙少波和陈璋（2013）提出工资不完全追赶的结构性通胀理论，结果表明农业和工业劳动生产率差异引起了工业品和农产品价格的分化，而城乡一体化和城乡物价水平差异下降会加剧价格背离程度。具体而言，城乡一体化将导致劳动力转移成本减小，使得劳动力更多地流向城市和工业生产领域。随着城乡物价水平差异下降，农民在流动时会更多地考虑城乡工资差异而不是生活成本差异，从而导致劳动力从农村迁往城市，进一步推高了 CPI 与 PPI 背离程度。吴立元等（2020）将劳动力市场摩擦引入 DSGE 模型，结果表明上游企业（以国企、垄断性质企业为主）与下游企业（以民营中小企业为主）的劳动力在能力水平、工作待遇等方面差异较大，因此劳动力市场存在明显的摩擦甚至分割，上游劳动力成本的变化对下游影响较小，引致 PPI 向 CPI 的传导不畅，因此提出应积极推进国有企业改革、城乡二元制度改革，推动劳动者素质的全面提高，完善劳动关系制度和劳动保障制度，从多个角度畅通劳动力在不同市场间的转移。

2.3.4　其他措施

还有文献从价格预警、大宗商品战略储备等角度，对应对 CPI 与 PPI 背离的对策进行了研究。张怀清等（2019）构建 TVP-VAR 模型进行实证检验，结果表明国际大宗商品价格是 CPI 与 PPI 背离的重要影响因素，因此提出建立国际大宗商品价格监测预警机制，密切关注并及时分析价格走势及波动成因。张怀清等还提出要构建大宗商品战略储备，通过开拓国内外资源能源市场，增强大宗商品供给能力，同时广泛参与国际大宗商品定价体系建设，增强我国在国际大宗商品方面的定价权。

2.4　对已有研究的评述和本书的研究方向

通过对已有文献的梳理可以发现，CPI 与 PPI 背离已经逐渐成为物价理论和货币政策领域的重要研究方向。2011 年以来，CPI 与 PPI 背离时间之长、程度之大引起了学界的广泛关注。但是，对于中国 CPI 与 PPI 背离的研究尚存在一些可改进之处，还有很多关键性的问题值得深入研究和探讨。本书试图在已有文献的基础上做出改进。

第一，已有文献缺乏对 CPI 与 PPI 背离时期货币政策有效性的研究。当前已有文献在货币政策有效性是否下降方面存在分歧，本书认为，两类文献存在分歧的一个重要原因，在于没有充分考虑 CPI 与 PPI 背离对货币政策有效性的影响。换言之，CPI 与 PPI 背离时期和正常时期，货币政策"稳增长"的效果是不一样的。例如，现有研究认为，加大货币政策力度能够推高经济增速的一个重要机制在于，货币政策通过传导至利率、货币供应量等中介变量，能够有效地引起社会公众消费需求、投资需求的变化，进而对总需求产生影响。然而这一逻辑忽视的重要一点是，在 CPI 与 PPI 背离时期，货币政策是否依然能够对消费需求和投资需求产生显著的影响。如果不能，则意味着货币政策有效性没有下降的观点值得商榷。由此可以看出，货币政策有效性在 CPI 与 PPI 背离时期可能发生明显变化。因此，对货币政策有效性是否下降的研究，需要区分 CPI 与 PPI 背离时期以及正常时期。这一点也是已有研究可以进一步完善的地方。

第二，已有研究在分析 CPI 与 PPI 背离的原因时，主要采用传统计量模型或宏观定量模型，缺乏对机器学习方法的使用。GMM 方法、TVP - VAR 和 SVAR 系列方法、DSGE 建模等传统实证与模型方法，通常需要事先给定模型的形式以及变量间的结构关系，但是背离影响因素与宏观经济变量 CPI 与 PPI 之间存在复杂的非线性关系，事先设定的模型形式与现实存在较大偏差。此外，传统方法考察的 CPI 与 PPI 背离影响因素维度相对有限，可能遗漏部分重要的潜在影响因素。如果包含的变量太多，又会产生模型求解的复杂性与不稳定性（Fan et al.，2014），因此已有文献考虑的 CPI 与 PPI 背离影响因素数量较少。已有文献通常只判断了某个因素是否能引起 CPI 与 PPI 背离，但 CPI 与 PPI 背离的影响因素有很多，传统方法难以识别出某个因素是否为引起 CPI 与 PPI 背离的主要影响因素。而与传统实证和模型方法相比，机器学习方法可以利用数据找到最优的函数形式，既可以考察 CPI 与 PPI 背离更多的潜在影响因素，又能深入挖掘变量之间的非线性关系，降低了模型的变量选择误差。因此机器学习方法有助于弥补上述三方面不足，从而帮助我们更好地筛选出 CPI 与 PPI 背离的主要影响因素。

第三，已有文献大多关注某一轮 CPI 与 PPI 背离，相关文献缺乏对 2011 年以来多轮 CPI 与 PPI 背离的对比研究。其中，大多数文献关注了 2011—2016 年 CPI 与 PPI 背离，少数文献（吴立元等，2020；许光建和马祎明，2021）关注其他轮次 CPI 与 PPI 背离。受到研究样本的限制，已有文献无法对不同时期 CPI 与 PPI 背离的影响因素分别加以识别，因而难以解释为什么 2011 年以来 CPI 与 PPI 背离频繁发生。此外，由于不同时期 CPI 与 PPI 背离的具体表现不同，2011—2016 年物价指标呈现 CPI 价格上涨但 PPI 价格下降的趋势，但是 2016 年之后多轮背离表现为 PPI 价格大幅上涨，因此不能简单地使用 2011—2016 年这一轮背离的影响因素去解释后期的多轮背离。本书在对 CPI 与 PPI 背离准确界定的基础上，使用状态依存 LP 方法、机器学习方法和宏观定量模型，对 2011 年以来发生的多轮 CPI 与 PPI 背离进行研究。

3 CPI 与 PPI 背离的历程回顾与风险挑战

2011 年以来，我国物价变动呈现 CPI 与 PPI 趋势性背离的特征，受到了社会各界的广泛关注。本书系统梳理了不同阶段的 CPI 与 PPI 背离，在此基础上对当前及中长期内物价领域 CPI 与 PPI 背离面临的风险挑战进行了剖析。研究发现，2011 年以来，我国 CPI 与 PPI 背离频发，背离时间之长、背离程度之大，不仅影响公众预期的形成，而且对央行决策产生了一定影响。此外，未来我国物价领域 CPI 与 PPI 背离还面临着国外及国内多重因素冲击的风险挑战，需要警惕全球产业链、供应链风险加大，国外环境日趋复杂，国内总需求结构失衡进一步加剧我国 CPI 与 PPI 背离的问题。

3.1 不同时期 CPI 与 PPI 背离历程回顾

2008 年全球金融危机以来，我国共发生了四轮 CPI 与 PPI 背离。一是 2011—2016 年，CPI 正增长，而 PPI 增速持续为负，与 CPI 出现了长达四年半的背离；二是 2016—2018 年，PPI 增速大幅上升，远超 CPI 增速；三是 2019—2020 年，CPI 有过热迹象，但是 PPI 持续收缩；四是 2021—2022 年，PPI 增速再次大幅上升，超过 CPI 增速。其中，2011—2016 年、2021—2022 年的两轮 CPI 与 PPI 背离持续时间长、背离程度大，并且分别呈现反向背离与正向背离的特征，具有较强的典型性。据此，本书重点分析 2011—2016 年、2021—2022 年两个阶段 CPI 与 PPI 趋势性的背离现象，针对不同时期 CPI 与 PPI 背离的发生背景、央行的货币政策实践等方面展开探讨与剖析。

3.1.1　2011—2016 年：CPI 通胀而 PPI 通缩，二者长期反向背离

2011 年之前，我国 CPI 与 PPI 呈现一致性走势，CPI 与 PPI 在变动方向、变化趋势等方面非常相似。2011—2016 年，我国 CPI 与 PPI 走势的相关性减弱。2011 年前后，全球大宗商品市场进入下行周期，伴随着美元升值和页岩油、页岩气革命，国际大宗商品价格持续下降。不仅如此，前期大规模刺激政策对产能的影响逐渐显现，我国工业品领域产能过剩进一步拉低了 PPI 增速。

从物价走势看，2011—2016 年，中国 CPI 与 PPI 发生了长达 57 个月的背离，CPI 与 PPI 增速差平均为 4.86%。在这个时期，CPI 同比增速保持在 1%~2.5% 附近宽幅震荡，而 PPI 同比增速持续为负。2015 年，石油天然气、黑色金属价格进一步走弱更加拖累了 PPI 增速。国家统计局数据显示，2015 年 12 月，PPI 同比下降 5.9%，而石油和天然气开采同比下降 37.3%，黑色金属冶炼和压延加工同比下降 20.8%。2015 年，CPI 与 PPI 增速差持续走阔，并在 2015 年 8 月达到 -7.9%。这是自 1994 年公布相关数据以来最大背离程度。

由于 CPI 与 PPI 背离现象在中国出现较早，国际上并没有成熟经验可以借鉴，所以如何对这个现象加以应对，如何制定合理的货币政策目标，如何选取合适的货币政策调控方向和调控力度等问题，更加考验货币政策的应对能力和央行沟通的有效性。

从政策目标看，CPI 与 PPI 的持续背离对央行货币政策目标选取带来了挑战，增加了宏观经济政策的不确定性。2015 年第三季度《中国货币政策执行报告》（以下简称《报告》）指出，当时 CPI 与 PPI 运行的复杂情况，"物价运行呈现出更加复杂的结构化特征。需要继续观察和分析物价形势的发展变化，密切关注下一阶段价格走势，在应对上区别对待、抓住重点、多措并举、统筹兼顾"。同时，《报告》进一步指出："货币政策应参考哪个指标来看通胀和把握实际利率水平，还值得深入研究。比较而言，用 CPI 或 GDP 平减指数来测算实际利率水平可能要更合适一些。"然而，PPI 指标的稳定对于中国企业投资决策以及宏观经济都有非常重要的

影响。2011—2016 年 CPI 与 PPI 背离期间,投资对 GDP 的平均贡献率达到 41.7%,所以 PPI 指标对中国经济的影响不容忽视。

从政策方向和力度看,本书统计了 2011—2016 年 CPI 与 PPI 背离期间,货币政策降准、降息操作的时间节点。从表 3-1 可以看出,中国人民银行在 2012—2016 年进行了多次降准、降息操作,并且创新了宏观调控举措,进一步丰富了货币政策的"工具箱"。其中,2015 年货币政策操作力度最大,次数也最为频繁。数量型货币政策方面,共进行 4 次全面降准,累计降准 2.5 个百分点。价格型货币政策方面,共计 5 次下调存贷款基准利率,累计降息 2.5 个百分点。而 2013 年央行货币操作次数较少,没有进行任何降准、降息操作。可以发现,不同年份央行货币政策操作的次数和力度存在较大差异,导致货币政策不确定性增强。值得注意的是,CPI 与 PPI 背离和货币政策不确定性增强也不利于公众形成稳定的通货膨胀预期。因此尽管央行对 CPI 与 PPI 背离进行了密切关注,并且积极运用货币政策进行宏观调控,但 CPI 与 PPI 背离引起的政策不确定性,对货币政策传导有效性产生较大的负面影响。有鉴于此,央行可以在预期管理和央行沟通等方面加以改进(郭豫媚和陈彦斌,2017),提高货币政策传导效率。

表 3-1 2012—2016 年货币政策降准、降息操作的时间节点

时间	货币政策操作
2012 年央行降准操作	中国人民银行在 2 月 24 日、5 月 12 日分别降准 0.5 个百分点,累计降准 1 个百分点
2012 年央行降息操作	中国人民银行在 6 月 8 日、7 月 6 日下调金融机构人民币存贷款基准利率。其中,一年期存贷款基准利率分别下调 0.25 个百分点,累计由 3.5% 下调到 3%,由 6.56% 下调到 6%;其他各档次存贷款基准利率及个人住房公积金存贷款利率作相应调整
2014 年央行降准操作	中国人民银行在 4 月 25 日对县域农村商业银行降准 2 个百分点,对县域农村合作银行定向降准 0.5 个百分点;在 6 月 16 日对部分商业银行、财务公司、金融租赁公司和汽车金融公司定向降准 0.5 个百分点
2014 年央行降息操作	中国人民银行在 11 月 22 日将金融机构一年期存贷款基准利率分别下调 0.25 个百分点至 2.75%,下调 0.4 个百分点至 5.6%。其他各档次贷款和存款基准利率相应调整

时间	货币政策操作
2015 年央行 降准操作	中国人民银行分别在 2 月 5 日、4 月 20 日、9 月 6 日和 10 月 24 日全面降准 0.5 个、1 个、0.5 个和 0.5 个百分点，累计降准 2.5 个百分点 同时，2 月 5 日、6 月 28 日和 10 月 24 日支持小微企业定向降准 0.5 个、0.5 个和 0.5 个百分点；2 月 5 日、4 月 20 日、6 月 28 日、9 月 6 日和 10 月 24 日支持"三农"定向降准 0.5 个、1 个、0.5 个、0.5 个和 0.5 个百分点；6 月 28 日对财务公司降准 3 个百分点；9 月 6 日额外对金融租赁公司和汽车金融公司降准 3 个百分点
2015 年央行 降息操作	中国人民银行分别在 3 月 1 日、5 月 11 日、6 月 28 日、8 月 26 日和 10 月 24 日五次下调金融机构人民币贷款和存款基准利率。其中，金融机构一年期存贷款基准利率分别下调 0.25 个百分点至 4.35%；一年期存款基准利率下调 0.25 个百分点至 1.5%
2016 年央行 降准操作	中国人民银行全面降准 0.5 个百分点，没有降息

资料来源：中国人民银行。

总体上，这一时期央行货币政策的制定和实施主要有三方面不足。第一，货币政策目标过多，不利于公众稳定预期的形成。中国货币政策承担着经济稳定、金融稳定等目标，而 CPI 与 PPI 背离会导致货币政策目标体系更加复杂，尤其在背离时 CPI 与 PPI 指示了相反的价格变动方向。货币政策多个目标之间存在的潜在矛盾，导致公众难以判断货币政策将如何在多个目标间进行取舍，不利于其对未来货币政策走势形成预期。第二，货币政策信息披露较为滞后，容易误导市场预期。CPI 与 PPI 背离现象在 2011 年底开始出现，在此期间受到市场参与者的广泛关注，例如，2012 年 9 月 10 日《中国经济时报》发表了《CPI 和 PPI 走势分化令人忧虑》的评论文章，但央行在 2015 年第三季度《报告》中分析了这一现象以及货币政策应对的思路，这一披露时间相较于 CPI 与 PPI 背离时间存在较为明显的滞后。第三，央行与市场沟通的信息不够充分。2015 年第三季度《报告》强调了 CPI 与 PPI 背离问题的重要性，但其仅对货币政策的应对措施进行了简要的分析，并且部分判断的含义较为模糊，使公众难以形成明确的货币政策预期。

3.1.2　2021—2022 年：PPI 增速大幅超过 CPI，二者增速剪刀差迅速扩大

2020 年疫情发生后，各领域商品市场供求关系都出现了巨大的扰动。受到疫情期间停产停工的影响，国际大宗商品市场产能受限，开采国的能源供应无法满足全球大宗商品需求，导致大宗商品价格迅速上涨，从供给端推高了 PPI 增速。同时，2022 年初，俄乌冲突等地缘政治的不确定性引发全球能源和食品供应受到冲击，俄罗斯作为世界上重要的能源出口国，是世界上最大的天然气出口国，是仅次于沙特阿拉伯的第二大原油出口国，因此俄乌冲突对油价、天然气价格造成的冲击会深刻影响我国能源成本及物价变动趋势。

从物价走势看，2021—2022 年，CPI 与 PPI 背离从 2021 年 3 月持续至 2022 年 6 月，总时长达 16 个月，呈现 PPI 增速大幅超过 CPI，二者增速剪刀差迅速扩大的走势。CPI 增速持续低于 2%，而 PPI 扭转前期负增长趋势，以煤炭、水泥为代表的上游原材料价格上涨加速了 PPI 上行，PPI 增长快速攀升，一度超过 10%，并在 2021 年 10 月最高增速达 13.5%，CPI 与 PPI 呈现显著背离的现象。在这个时期，CPI 与 PPI 增速差也创造了历史新高，平均为 7.51%。这意味着 PPI 平均增速约为 CPI 增速的 6.59 倍。

2021—2022 年，CPI 与 PPI 背离加大了货币政策制定的难度，制约了货币政策"稳增长"的力度，以及货币政策传导的有效性。

从政策力度看，CPI 与 PPI 背离导致货币政策制定进退"两难"。受到疫情的影响，中国 GDP 增速与总需求持续承压，2021 年 GDP 两年平均增速为 5.1%，CPI 同比增速为 0.9%。根据此时国内经济增长与 CPI 的情况，如果央行实行紧缩的货币政策，将加大经济下行的压力。然而在这种情况下，如果央行实行宽松的货币政策，释放的流动性极有可能继续推高本就处于高位的 PPI。尤其在通胀预期较高的情况下，PPI 可能触发通胀自实现机制，形成 PPI 增速螺旋上升的局面。因此，CPI 与 PPI 背离会制约货币政策发力，导致货币政策力度有所不足。就数量型货币政策而言，M2 增速从 2021 年 1 月的 10.1% 降至 3 月的 8.1%，此后一直处于 8.5% 左

右的水平，接近疫情之前 2018 年至 2019 年的平均水平。社会融资规模余额增速也从 2021 年年初的 13% 以上降至年末的 10% 左右。就价格型货币政策而言，虽然以 DR007 为代表的货币市场利率维持在相对低位，但是信贷市场实际利率较高。2021 年前三个季度金融机构一般贷款加权实际利率（扣减 CPI）的平均值为 4.63%，比疫情之前 2016 年至 2019 年的平均值高出了近 1 个百分点。

从政策有效性看，CPI 与 PPI 背离增加了疫情期间宏观经济的不确定性，导致货币政策有效性下降。货币政策操作常见思路包括货币政策规则、相机抉择等[①]。这两种方式各有优劣，货币政策规则透明度更高，会使得政策变化易于预测，并能防止政策制定者过分偏离既定标准。相机抉择更加具有灵活性，但相应地导致政策的更难理解与预测。所以在具体政策实践中，各国央行大多结合实际情况，选择相应的调控方式[②]。中国人民银行在进行宏观调控时，货币政策需要遵循年初《政府工作报告》提出的总体要求和相应政策取向，表 3-2 整理了 2018—2023 年《政府工作报告》对货币政策操作的要求。从表 3-2 可以看出，每个年份《政府工作报告》均会结合经济运行实际情况，进一步明确货币政策的工作重点。由此可以看出，尽管调控方式有所不同，但报告中所述的调控方式都遵循逆周期调节的思路，要求货币政策要"逆风操作"，即经济过热时，货币政策适当收缩；经济过冷时，货币政策适当扩张。逆周期调节顺利实施的一个隐含条件是能够准确判断当前经济所处的状态，但是 CPI 与 PPI 的持续背离增加了判断的难度。在 2021—2022 年 CPI 与 PPI 背离期间，PPI 上升趋势会持续多久，PPI 上升是否会引起 CPI 通胀，以及影响程度如何等问题，都为我国货币政策调控思路的选取带来了挑战，也导致公众难以形成稳定的通胀预期，增加疫情期间经济的不确定性程度，阻碍货币政策向实体经济的有效传导。

---

① 货币政策规则按照简单的数学公式设定短期利率，在公式中只包括当前的失业和通胀水平（Taylor，1993），而相机抉择则主张按照特殊因素或结构性变化灵活调整短期利率。

② 美联储遵循通胀目标制，将通胀目标设定为 2%，同时在 2008 年金融危机时期采取了一系列非常规货币政策操作以实现这一通胀目标，但美联储在危机时期的量化宽松等政策，在推高资产价格、加剧贫富分化等方面仍饱受争议。

表 3-2 2018—2023 年货币政策总体要求

年份	《政府工作报告》要求
2018	稳健的货币政策保持中性，要松紧适度。管好货币供给总闸门，保持广义货币 M2、信贷和社会融资规模合理增长，维护流动性合理稳定
2019	稳健的货币政策要松紧适度。广义货币 M2 和社会融资规模增速要与国内生产总值名义增速相匹配，以更好满足经济运行保持在合理区间的需要。……保持流动性合理充裕……完善汇率形成机制，保持人民币汇率在合理均衡水平上的基本稳定
2020	稳健的货币政策要更加灵活适度。综合运用降准降息、再贷款等手段，引导广义货币供应量和社会融资规模增速明显高于去年。保持人民币汇率在合理均衡水平上基本稳定
2021	稳健的货币政策要灵活精准、合理适度。把服务实体经济放到更加突出的位置，处理好恢复经济与防范风险的关系。货币供应量和社会融资规模增速与名义经济增速基本匹配……保持人民币汇率在合理均衡水平上的基本稳定
2022	加大稳健的货币政策实施力度。发挥货币政策工具的总量和结构双重功能，为实体经济提供更有力支持。扩大新增贷款规模，保持货币供应量和社会融资规模增速与名义经济增速基本匹配……保持人民币汇率在合理均衡水平上的基本稳定
2023	稳健的货币政策要精准有力。保持广义货币供应量和社会融资规模增速同名义经济增速基本匹配，支持实体经济发展。保持人民币汇率在合理均衡水平上的基本稳定

资料来源：2018—2023 年《政府工作报告》。

总体看，我国货币政策力度和传导效率都有待加强。一方面，2021 年货币政策整体力度相对偏小（陈彦斌等，2022）。货币政策力度指数定量地测度了 2021 年货币政策总体力度，测算结果显示，前三季度指数为 44.3，低于 2020 年疫情期间的 51.8，也低于 2016—2019 年的均值 44.8。考虑到 2021—2022 年 CPI 与 PPI 背离主要是由于大宗商品价格大幅上升所致，因此主要应使用产业政策予以应对，以平抑 PPI 波动。理论上，对于供给驱动的通货膨胀，货币政策并不能有效应对。因此，货币政策此时仍需要锚定 CPI 或核心 CPI，对于 PPI 的波动无需过多关注。央行在 2021 年第一季度《报告》中也总结了近期 CPI 与 PPI 的走势，在专栏 4《如何看待近期国内外物价走势》中，重点分析了国际、国内大宗商品及通胀指标变动方向，并表示"对于年内 PPI 阶段性上行，宜历史、客观地看待……全球大宗商品价格上涨可能阶段性推升我国 PPI，但输入性通胀的风险总体可控"。另一方面，在 CPI 与 PPI 背离期间，CPI 与居民的通胀预期分化，会对货币政策有效性产生负面影响。2021—2022 年 CPI 与 PPI 背离期间，CPI 平均增速为 1.34%，总体增速较为温和，而通胀预期指数呈现较大的波动性，在 2021 年第三季度通胀预期指数为 63.8，创造疫情以来通胀预期新高。由此可以看出，尽管央行明确指出 PPI 大幅攀升是由于大宗商品价格上涨所致，但是持续攀升的 PPI 以及 CPI 与 PPI 背离现象，引起公众上调了这个时期的通胀预期。CPI 与 PPI 背离叠加疫情发展，为未来经济前景带来了较大的不确定性，会对货币政策有效性产生不利影响。

3.2 当前及中长期 CPI 与 PPI 背离面临的风险挑战

本书统计了 2006 年以来 CPI 与 PPI 背离的情况，发现在 2006—2011 年的 5 年间，我国物价领域未发生过 CPI 与 PPI 背离的情况；在 2011—2016 年的 5 年间，我国发生了 1 次长达四年半的 CPI 与 PPI 背离；而 2016—2022 年我国发生了 3 次 CPI 与 PPI 背离。由此可以看出，近年来在产业链、供应链风险加大，地缘冲突不断，国内总需求结构失衡的影响下，我国物价领域 CPI 与 PPI 背离的现象频繁发生。考虑到未来相关风险仍未解除，海外形势仍然存在较大的不确定性，所以要高度警惕相关问题对我国 CPI 与 PPI 背离带来的风险挑战。

3.2.1 国际贸易保护主义加剧，对 CPI 与 PPI 背离带来潜在压力

2008 年，全球金融危机以来，全球经济增长持续乏力，贸易保护主义和逆全球化思潮重新抬头。2018 年，美国开始实施贸易保护主义政策，主动挑起贸易争端。2018 年 3 月，美国贸易代表办公室发布对中国的"301 调查"结果，指控中国存在强迫技术转让、窃取美国知识产权等问题，特朗普政府据此对华加征关税。经济全球化和贸易自由化是推

动世界经济实现高增长和低通胀的动力，相反贸易保护主义则会推高物价水平和拖累经济增长。近年来，美国的贸易保护主义措施引致美国国际贸易福利损失和国内物价的上涨，同时美国作为全球最大的经济体，对全球具有典型的通胀输出效应，进一步推高了全球通货膨胀的程度。

贸易摩擦带来的全球通胀预期变化将导致我国物价水平波动性加大，对 CPI 与 PPI 背离带来潜在的压力。国际预期管理的经验表明，构造通胀预期的名义锚和可考核且透明的政策评价标准，简化公众的决策过程并减小决策成本，可以降低通胀持续性和增强通胀预期的稳定性（Gürkaynak et al.，2007）。相反，如果公众预期失去名义锚，则极易导致物价水平的不稳定。从图 3-1 可以看出，在正常时期，通胀预期较为稳定。但是在 CPI 与 PPI 背离时期，虽然 CPI 增速较为稳定，但是通胀预期与 PPI 发生持续性波动。例如，在第一轮 CPI 与 PPI 背离时期，CPI 同比增速为正，但是通胀预期同比变化量和 PPI 同比增速连续为负，反映出通胀预期不断收缩的趋势。但是在第二轮 CPI 与 PPI 背离时期，通胀预期与 PPI 增速开始扩张，二者呈现较为显著的一致性走势。在第三轮、第四轮 CPI 与 PPI 背离期间，通胀预期变化量呈现明显的趋势性走势，在此期间 CPI 以及 PPI 产生了较为明显的通胀现象。由此可以发现，在 CPI 与 PPI 背离时期，通胀预期也会产生较大幅度的波动，在通胀自实现机制的影响下，导致 CPI 与 PPI 的分化走势加大。

3.2.2 地缘冲突不断，加剧 CPI 与 PPI 背离问题

近年来，国外环境发生深刻复杂的变化，我国物价领域面临的不确定性持续加大。例如，新冠疫情、中美贸易摩擦、俄乌冲突等系列"黑天鹅""灰犀牛"事件持续发生，给中国物价稳定带来较大的风险挑战。俄乌冲突爆发以来，西方国家对俄罗斯进行了包括冻结海外资产、外汇储备，将多家俄罗斯金融机构逐出环球同业银行金融电讯协会（SWIFT）报文系统在内的多项金融制裁，同时逐渐限制俄罗斯对西方能源市场的出口，相关制裁措施对全球经济复苏和物价稳定都造成了一定影响。张宇燕（2023）在文章中预测，货币金融的政治化及武器化，在打乱国际正常金

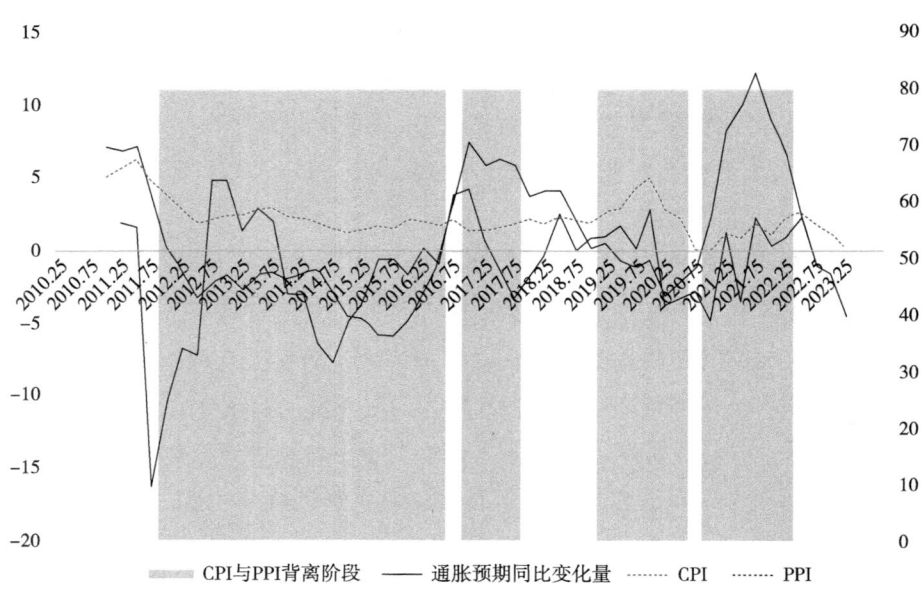

图 3-1　2010—2023 年通胀预期、CPI 和 PPI 走势

数据来源：CPI 和 PPI 数据来自国家统计局；通胀预期的原始数据来自中国人民银行《城镇储户问卷调查报告》中的"未来物价预期指数"，采用卡尔森和帕金（Carlson and Parkin，1975）提出的概率法计算得到居民通胀预期。其中，2010.25 表示 2010 年第二季度，2010.75 表示 2010 年第四季度。

融秩序的同时，也减弱了人们对未来的信心。如果这种现象持续下去，将进一步影响国际能源进出口贸易格局，进而传递至国内能源市场，影响国内能源市场供需与物价稳定。

表 3-3 测算了不同时间段通胀预期、CPI 和 PPI，通过将没有背离的时间段 2018Q1—2019Q1 与前后两轮发生背离的时间段进行对比可以发现，CPI 与 PPI 背离时期同时伴随着居民预期的偏移。例如，尽管 2017Q1—2017Q4CPI 平均增速为 1.55%，低于 2018Q1—2019Q1 时期 2.07% 的平均水平，但是 2017Q1—2017Q4 PPI 与居民通胀预期普遍高企，导致通胀预期达到 62.08%，高于 2018Q1—2019Q1 时期的通胀预期 61.80%，意味着虽然 CPI 处于低增长时期，但是 PPI 和通胀预期都发生了快速上升的情况，进而与 CPI 增速产生偏移并引发了 CPI 与 PPI 背离的现象。不仅如此，PPI 与通胀预期也可能同时下行。例如，2019Q2—2020Q3CPI 平均增

速为 3.29%，明显高于之前两期。但由于这一时期 PPI 平均增速为负，通
胀预期相较于前两期也并没有发生明显的变化，与 2017Q1—2017Q4 相比
仅上升 0.5 个百分点。可以看出，CPI 与 PPI 背离期间，CPI 增速较为稳
定，但是 PPI 与通胀预期波动性较大，在部分时期甚至与 CPI 呈现相反方
向变动。因此地缘冲突引起的公众预期的变化，会导致大宗商品供求发生
变化，进而加剧 PPI 的波动和 CPI 与 PPI 背离问题。

表 3-3 CPI 与 PPI 背离前后的通胀预期、CPI 和 PPI   （%）

时间段	2012Q1—2016Q3	2017Q1—2017Q4	2018Q1—2019Q1	2019Q2—2020Q3	2021Q1—2022Q2
是否发生背离	√	√	×	√	√
通胀预期	64.49	62.08	61.80	62.58	59.92
CPI	2.14	1.55	2.07	3.29	1.17
PPI	-2.71	6.33	2.87	-1.24	7.98

数据来源：同图 3-1。
注：Q1~Q4 分别代表第一~四季度。

3.2.3 国内总需求结构失衡引发 CPI 与 PPI 的结构失衡

近年来，我国居民消费占总需求的比重有所下降，在一定程度上存在
总需求结构失衡的问题。2023 年，我国社会消费品零售总额占 GDP 的比
重为 37.4%，与 2022 年 36.5% 的水平相比有所上升，但是相较于 2016 年
42.3% 的历史高值仍有一定差距。居民消费占总需求的比重下降主要包括
三方面原因。一是作为消费主力军的中等收入群体收入增速不断下滑，可
支配收入的下降拉低了居民的消费水平。二是居民部门债务攀升，导致居
民预防性储蓄上升和消费水平下降。三是疫情造成的疤痕效应仍未消除，
对居民消费行为造成了一定影响。总需求结构失衡与价格指标的结构化特
征有着密切的联系。总体而言，价格水平由供给和需求决定，我国居民消
费需求的低迷导致 CPI 持续处于低位。预计未来在短期内居民信心仍待修
复，居民消费水平不会迅速回升。这可能引起 CPI 与 PPI 背离程度进一步
加剧。

不仅如此，国内总需求结构失衡引起 CPI 与 PPI 背离，还可能导致我国经济政策不确定性程度上升。在本书中，使用中国经济政策不确定性指数①（EPU），分析 CPI 与 PPI 背离时期经济政策不确定性表现的动态特征。如图 3-2 所示，在 CPI 与 PPI 背离没有发生的年份，不确定性指数基本处于一个相对较低的水平，除了 2008 年全球金融危机发生后，不确定性阶段性上升，在其他年份 EPU 均保持相对稳定。但是在 CPI 与 PPI 背离期间，不确定性指数波动性加剧的情况频发。例如，2015 年 CPI 与 PPI 背离程度加剧，2015 年 8 月，CPI 与 PPI 增速差达到 7.9%，是历史上增速差最大值。2015 年第三季度《货币政策执行报告》表示"物价运行呈现更加复杂的结构化特征……在应对上区别对待、抓住重点、多措并举、统筹兼顾"，因此外部形势的不稳定加剧了 CPI 与 PPI 背离，并引发了货币政策的不确定性程度加深。此外，在其他几轮 CPI 与 PPI 背离中，不确定性

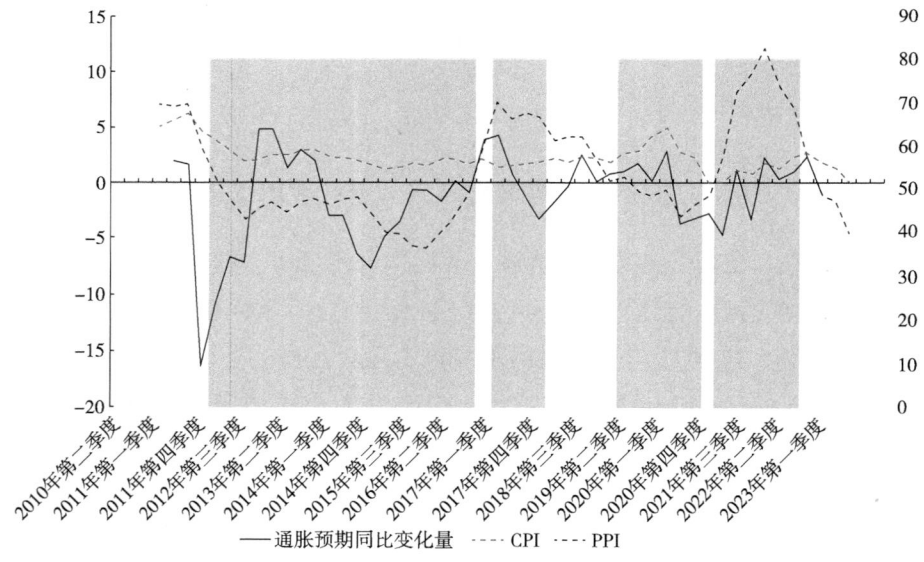

图 3-2　2006—2023 年不确定性指数、CPI 和 PPI 走势

数据来源：Economic Policy Uncertainty（epu）Indices.

_____

① 中国经济政策不确定性指数由斯坦福大学和芝加哥大学联合发布。该指数用来测度中国企业投资主体所面临的经济政策环境的不确定性，其序列的许多波峰点与中国重要的政治经济时点相对应。

指数也有明显上升的趋势。在第二轮 CPI 与 PPI 背离时，随着 2017 年初 PPI 增速快速上升，不确定性指数也上升至 695 的历史高位。在第三、第四轮 CPI 与 PPI 背离中，分别受到非洲猪瘟和国际大宗商品价格上涨的影响，CPI 与 PPI 在这一阶段都出现峰值，而这一时期不确定性指数也快速上升，呈现较为同步的现象。由此可以看出，CPI 与 PPI 背离和中国经济政策不确定性之间有较为明显的相关性。需要说明的是，不确定性指数是一个总量指标，包含中国经济政策不确定性的多种成因，所以仍需要结合具体因素分析 CPI 与 PPI 背离时期经济不确定性上升的原因。

3.3　主要结论

本章主要探讨了不同阶段的 CPI 与 PPI 背离。从上述分析可以看到，在 CPI 与 PPI 背离时期，CPI 与 PPI 指标呈现背离时间长、背离程度大的特征，《中国货币政策执行报告》多次探讨 CPI 与 PPI 背离，但是背离时期仍会发生公众通胀预期的变化和政策不确定性程度的上升。由于篇幅所限，本章无法列举所有阶段的 CPI 与 PPI 背离。但可以看到，本章所给出的典型案例均具有一般性的现象。因此虽然本章只列举了几个例子，但上述 CPI 与 PPI 背离的案例具有较强的代表性，2011 年以来，CPI 与 PPI 背离频繁发生，不仅影响公众预期的形成，而且对央行决策会产生一定影响。

笔者认为，未来我国物价领域 CPI 与 PPI 还面临着三方面风险和挑战。一是全球产业链、供应链风险加大，对 CPI 与 PPI 背离造成潜在压力。2023 年，美国加速推动产业链去风险、制造业回流政策，贸易保护主义的政策范围进一步扩大。二是国外环境日趋复杂。能源国的地缘冲突进一步影响国际能源进出口贸易格局，进而传递至国内能源市场，影响国内能源市场供需与物价稳定。三是国内总需求结构失衡。预计未来在短期内居民信心仍待修复，居民消费水平不会迅速回升，可能引起 CPI 与 PPI 背离程度进一步加剧。

4　CPI 与 PPI 背离视角下货币政策有效性研究

近年来，我国货币政策有效性下降，同时发生 CPI 与 PPI 背离越来越频繁，CPI 与 PPI 背离对货币政策有效性带来的影响不容忽视。本章对 CPI 与 PPI 背离时期的货币政策有效性进行理论分析，并使用状态依存 LP 方法，基于中国 2000 年第一季度至 2023 年第一季度的数据进行实证检验。研究发现，正常时期以及 CPI 与 PPI 背离时期的货币政策效果明显不同。正常时期，宽松的货币政策可以有效促进经济复苏，因此加大货币政策力度能够较好实现"稳增长"目标。在 CPI 与 PPI 背离时期，宽松货币政策的"稳增长"效果显著弱于正常时期，货币政策的逆周期调节效果明显减弱。进一步研究表明，CPI 与 PPI 背离时期货币政策"稳消费"有效性减弱程度较大，"稳投资"有效性受到的影响相对有限。

4.1　概述

近年来，中国经济面临货币政策有效性下降，物价领域 CPI 与 PPI 背离频发双重压力。一方面，央行货币政策并没有达到预期的效果，我国消费以及投资，尤其是民间投资增速持续放缓，货币政策有效性明显下降。央行《中国货币政策执行报告》多次指出要"进一步疏通货币政策传导机制"，体现了决策层对货币政策有效性的高度关注。另一方面，2011 年以来，我国 CPI 与 PPI 持续背离，价格指标相关性明显下降，CPI 与 PPI 相关系数从 2006—2011 年的 0.81 下降至 2012—2022 年的 -0.21。从国际国内经验看，CPI、PPI 背离与货币政策传导有着紧密的联系，CPI 与 PPI 背离会导致资源在不同行业之间的配置扭曲，降低资源配置效率，不利于货币政策"稳增长"目标的实现。

在全球经济增长放缓的背景下，为了更好地支持我国实体经济发展，货币政策需要适当加大力度，但 CPI 与 PPI 背离是否会引起货币政策有效性的下降，还是货币政策依旧可以有效调节宏观经济，这一问题值得进行深入分析。已有文献关于货币政策有效性是否下降进行了实证检验，主要包括两点结论。第一类文献认为，货币政策有效性没有表现出下降迹象。例如，闫力等（2009）认为，数量型货币政策的价格效应显著，同时具有一定的产出效应。张龙和金春雨（2018）指出，数量型货币政策对于降低物价水平更有效，价格型货币政策对于刺激产出增长更有效。第二类文献认为，货币政策有效性下降，货币政策稳增长目标的实现难度加大。例如，朱晓雨（2012）认为，长期看货币供给量的变化对产出的刺激作用效果有限，利率变量对 CPI 的影响则不确定。刘金全和解瑶姝（2016）发现，经济在低速增长阶段波动性减弱，波动性对经济增长水平的"杠杆效应"下降，因此货币政策的有效性下降。戴金平和刘东坡（2016）认为，数量型货币政策调控产出和通胀的有效性逐渐下降，尽管价格型货币政策对物价水平的调控效果有所改善，但是其对产出的调控作用减弱。可见已有文献在货币政策有效性是否下降方面存在分歧。

笔者认为，两类文献存在分歧的一个重要原因在于，没有充分考虑 CPI 与 PPI 背离对货币政策有效性的影响。换言之，CPI 与 PPI 背离时期和正常时期，货币政策"稳增长"的效果是不一样的。例如，现有研究认为加大货币政策力度能够推高经济增速的一个重要机制在于，货币政策通过传导至利率、货币供应量等中介变量，能够有效地引起社会公众消费需求，投资需求的变化，进而对总需求产生影响。然而这一逻辑忽视的重要一点是，在 CPI 与 PPI 背离时期，货币政策是否依然能够对消费需求和投资需求产生显著的影响。如果不能，则意味着货币政策有效性没有下降的观点值得商榷。由此可以看出，货币政策有效性在 CPI 与 PPI 背离时期可能发生明显变化。因此，对货币政策有效性是否下降的研究，需要区分 CPI 与 PPI 背离时期以及正常时期，这一点也是已有研究可以进一步完善的地方。

有鉴于此，本书主要进行了两方面工作。第一，从货币政策传导的利率渠道、信贷渠道对 CPI 与 PPI 背离如何影响货币政策有效性的传导机制进行分析，为深入理解 CPI 与 PPI 背离以及货币政策有效性之间的关系提供了理论基础。第二，使用状态依存 LP 方法实证检验了 CPI 与 PPI 背离时期与正常时期货币政策"稳增长"效果的差异，并且使用分项数据对比了两个时期货币政策"稳消费""稳投资"的效果。与门限自回归模型、状态转移自回归模型相比，状态依存 LP 方法在进行模型估计时，使用简洁的单方程模型的设定，并且选用局部近似的估计方法计算了外生货币政策冲击的脉冲响应。因此，状态依存 LP 方法不仅减少了待估参数的个数，而且避免事先设定的函数形式出现偏误，从而保证了模型能够得到准确的脉冲响应结果。

本章对相关研究的边际贡献主要包括两个方面。一是重点关注了 CPI 与 PPI 背离对货币政策有效性的影响，在准确界定 CPI 与 PPI 背离的基础上，发现 CPI 与 PPI 背离时期与正常时期货币政策有效性存在显著差异，是已有研究较少涉及的。在正常时期加大货币政策力度能够实现"稳增长"目标，但是在 CPI 与 PPI 背离时期加大货币政策力度不仅难以实现"稳增长"目标，而且会拉低 GDP 与消费增速，因此为货币政策传导相关研究考虑了新的宏观背景。二是在机制分析的基础上，较早地使用状态依存 LP 方法实证检验了正常时期、CPI 与 PPI 背离时期货币政策调控效果的差异，为 CPI 与 PPI 背离条件下，货币政策难以实现"稳增长"目标的发现提供了较为丰富的实证依据。总体而言，本章是对现有文献的有益拓展和补充，研究结果为近年来货币政策保持稳健定位提供了相应的理论和经验证据，对如何更好地提高货币政策调控效率具有一定的参考意义。

4.2 理论分析与假说提出

理论上，货币政策向实体经济传导的渠道包括利率渠道、信贷渠道、风险承担渠道、汇率渠道和资产价格渠道等，因此在正常时期，货币政策能够有效实现"稳增长"目标。其中，利率渠道和信贷渠道是货币政策影响实体经济的主要渠道。因为从实践经验看，1998 年，我国取消信贷规模管理以来，央行长期以信贷规模和广义货币供应量，作为中介目标对宏观经济进行数量型调控，形成了以信贷渠道为主的货币政策传导机制（盛松成和吴培新，2008）。随着利率市场化改革的全面推进，我国现已逐步建立起有效运行的政策利率体系，因此利率渠道的影响也不容忽视。由于汇率、风险承担等传导渠道主要起到补充作用，资产价格渠道在传导机制中的地位不显著，所以我国货币政策主要通过信贷渠道和利率渠道传导至实体经济（杜立和钱雪松，2021）。在信贷渠道方面，当央行实行扩张性货币政策①时，降低了全社会的融资成本，缓解融资约束，进而促进信贷扩张和总产出增长。伯南克和布林德尔（Bernanke and Blinder，1988）指出，以信息不对称为代表的金融摩擦是货币政策信贷渠道传导的关键问题，由于银行贷款和债券是不完全替代的关系，存在外部融资成本与内部融资成本不相等的现象，所以名义利率下降引起的财富分配变化对债务人更为有利，在这种情况下债务人的净资产上升，使得企业和居民的信用水平上升，进而影响了企业投资、家庭住宅投资和耐用消费品支出。资产净值的顺周期也引致了总产出的顺周期性。这种金融加速器放大了经济周期的影响，构成了信贷渠道的主要影响机制。在利率渠道方面，货币供应量增加导致利率水平下降，可以为企业和家庭提供更多低成本的资金，促进企业投资水平和家庭消费水平的上升，并进一步支持实体经济的复苏和增长。在利率市场化程度较低的阶段，我国央行对金融机构的存贷款基准利率进行规定，商业银行以基准利率为中心，在一定幅度内上下浮动确定实际贷款利率，因此央行通过改变基准利率降低了全社会融资成本，从而导致总产出水平的提升（姜再勇和钟正生，2010）。总体而言，随着利率市场化改革的全面推进，货币市场与信贷市场形成联动，货币市场利率的变动能够有效传导至信贷利率，对总需求产生影响。

但是，在 CPI 与 PPI 背离时期，货币政策向实体经济传导的效果减弱。CPI 与 PPI 背离具有典型的结构性特征，给物价走势以及经济形势判断带来了困难和挑战。不论是居民还是专家在形成通胀预期过程中，都会

---

① 考虑到本书重点关注的是近年来货币政策应对经济下行压力时的"稳增长"效果，因此主要分析正向货币政策冲击的有效性，以厘清 CPI 与 PPI 背离对货币政策"稳增长"效果的相关影响机制。所谓正向货币政策冲击，是指当经济面临下行压力时，央行通过降息或增加货币供应量等方式发力进行宏观调控，此时的货币政策冲击即为正向冲击。

利用各类现实通胀率包含的信息进行预测，因此 CPI 与 PPI 背离会对社会公众通胀预期的形成产生影响。张成思和田涵晖（2020）指出，通胀预期仅受消费类通胀率（CPI）影响，而不受非消费类通胀率的驱动。考虑到PPI 主要由非消费品构成，因此 CPI 持续低价会拉低公众通胀预期，随着公众对未来通货膨胀的看法发生改变，部分抵消了名义利率下降的影响，实际利率下降幅度减小甚至可能会上升，进而影响货币政策的有效性。基于 IS-LM 模型理论，扩张性货币政策会导致 LM 曲线向右移动，此时以CPI 持续低价为主要特征的 CPI 与 PPI 背离会引起公众预期通胀率下降，对于任何给定的名义利率，公众都面临更高的实际利率，因此抑制了计划的投资支出，推动 IS 曲线向左移动，抵消了 LM 曲线向右移动的影响，在这种情况下货币政策对总产出的影响小于政策预期。通过上述分析可知，CPI 与 PPI 背离时期货币政策稳增长的效果大打折扣，宽松的货币政策无法有效传导至实体经济。据此，本书提出如下假说，

假说 H1：CPI 与 PPI 背离时期货币政策"稳增长"有效性下降。

理论上，货币政策对实体经济的影响主要体现在消费和投资两个方面，因此可以分别针对货币政策"稳消费""稳投资"有效性展开研究（Alpanda and Zubairy，2019；陈小亮等，2021）。那么，CPI 与 PPI 背离究竟是减弱了货币政策对消费的影响，还是货币政策对投资的影响，抑或是货币政策对消费和投资的影响都有所减弱？就消费而言，货币扩张会对房地产资金供求关系产生影响，导致房地产价格上涨，房价变化带来的财富效应与抵押品效应间接提高了居民消费。同时房价持续上涨可能引发国家宏观调控，央行采取房贷控制的政策限制了流入房地产市场的资金量，导致更多的资金流入一般商品市场，促进物价和消费水平的上涨（龙少波等，2016）。就投资而言，利率下降通常伴随着资产价格的上升，导致企业抵押品价值上涨和杠杆率下降，此时企业会面临更低的融资成本，促进企业提高投资水平（朱博文等，2013）。

CPI 与 PPI 背离削弱了扩张型货币政策对消费的正向推动作用。在CPI 与 PPI 背离时期，货币供应量增加推动住房价格上涨，但是 CPI 与PPI 背离引起的通胀感知偏差拉低了居民通胀预期，从而导致家庭的住房投资需求和财务杠杆下降，降低了家庭部门的财务水平，在财富效应的影

响下可能被动减少消费，减弱了扩张型货币政策对消费的拉动效果（余湄和李志勇，2021）。不仅如此，货币政策促进居民消费的效果还受到储蓄的影响，在 CPI 与 PPI 背离时期，如果利率对储蓄的收入预期效应大于替代效应，利率下降就会增加居民预防性储蓄需求，导致货币政策"稳消费"的效果明显减弱（杜宇玮和刘东皇，2011）。上述原因导致 CPI 与 PPI 背离时期，宽松的货币政策对消费的调控效果受到较大影响。

　　CPI 与 PPI 背离会部分抵消货币扩张对投资的正向影响，但抵消效果相对有限，CPI 与 PPI 背离时期货币政策依然会促进投资水平上升。CPI 与 PPI 背离会导致价格信号失真，企业投资项目预期回报率面临一定程度的不确定性，微观个体出于风险规避的心理会选择更加谨慎的投资行为，因此 CPI 与 PPI 背离将弱化单位贷款成本的下降对企业投资需求的影响。同时项目不确定性的上升会导致金融机构调高市场违约概率的预期，所以此时推迟贷款供给是有益的，甚至金融机构会产生惜贷行为。但是需要注意的是，我国固定资产投资包括制造业投资、房地产投资和基建投资三大类，而且房地产投资和基建投资在国民经济中具有重要地位。但是 CPI 与 PPI 背离主要影响制造业投资，对基建投资和房地产投资的影响较为有限。其原因在于，一方面，政府部门是基建投资的主导力量，政府部门投资对通胀率的敏感度相对较低。另一方面，房地产企业具有较强的预算软约束，因此房地产具有较小的供给弹性，通胀变动对房地产投资影响较为有限（陈海龙，2020）。两方面因素导致 CPI 与 PPI 背离时期，货币政策依然能够较为有效地传导至企业投资端，有鉴于此，本书进一步提出假说，

　　假说 H2：CPI 与 PPI 背离时期货币政策"稳消费"有效性减弱程度较大，"稳投资"有效性受到的影响相对有限。

4.3　变量选取与计量模型

4.3.1　变量选取

　　使用状态依存 LP 方法对比 CPI 与 PPI 时期、正常时期货币政策"稳增长"的有效性，需要界定三类变量。一是核心解释变量，即准确识别货

币政策外生冲击，对模型中 $shock_t$ 进行赋值。二是状态变量，即通过界定 CPI 与 PPI 背离时期和正常时期，对状态变量 I_{t-1} 赋值。三是被解释变量，即货币政策最终影响的实体经济变量 y_{t+h}。

4.3.1.1 核心解释变量的选取

在研究货币政策有效性的问题时，需要保证货币政策冲击具有足够强的外生性，否则会由于以下两方面原因对估计结果产生影响。一方面，货币政策冲击如果具有一定的内生性会导致估计结果存在偏误；另一方面，货币政策冲击受到政策制定者的影响，只有当冲击满足外生变动的要求时，才与上述含义相符。本书参考陈等（Chen et al.，2018）的方法，采用分解得到的"外生 M2 环比增长"，作为衡量数量型货币政策冲击的代理指标。这一货币政策冲击识别方法具有较好的外生性。为了保证识别结果的稳健性，本书还研究了 CPI 与 PPI 背离时期价格型货币政策有效性的变化。但由于当前我国新的政策利率体系尚未完全建立，宏观调控仍以数量型货币政策为主，所以本书以数量型货币政策冲击作为基准模型，在稳健性检验中进一步考虑了价格型货币政策冲击的影响。

4.3.1.2 状态变量的选取

对于是否处于 CPI 与 PPI 背离时期的状态变量，常用的衡量方法包括作差法、定基比法和移动平均法。例如，邵军等（2022）以 PPI 和 CPI 通胀率之差的绝对值反映两个指数的背离程度。伍戈和曹红钢（2014）采用 CPI/PPI 比例的形式近似衡量 CPI 与 PPI 背离的程度。赵佳丽等（2018）使用移动平均法测算了 PPI 动态偏离 CPI 移动平均趋势的程度，作为 CPI 与 PPI 背离的代理指标。不同方法界定的 CPI 与 PPI 背离时间段本质上具有一致性，本书参考倪红福等（2023）的研究，将满足 CPI 与 PPI 差值的绝对值大于 2%，且持续时间超过 6 个月以上述的情况界定为 CPI 与 PPI 背离①。将满足上述条件的时期设定为"CPI 与 PPI 背离时期"，反之则为"正常时期"。

---

① 如果 CPI 与 PPI 背离只持续一两个月，是偶发性现象，那么无需过多关注，只有 CPI 与 PPI 长时期背离时才需要重点关注。2011 年以前，PPI 与 CPI 虽在一定时期内出现过背离（如 2008 年），但持续时间比较短，背离幅度比较小。陈建奇（2008）以及桂文林和韩兆洲（2011）分析了 2008 年前后 CPI 与 PPI 之间背离的原因。

4.3.1.3 被解释变量和控制变量的选取

被解释变量方面，本书主要估计了总产出、投资、消费对货币政策的脉冲响应。就总产出而言，选取国内生产总值作为代理指标，是因为国内生产总值能够比较全面地反映货币政策稳增长的效果，是总产出合适的代理变量。就投资而言，选取固定资产投资完成额作为代理指标，能够反映企业投资需求的变动。就消费而言，选取社会消费品零售总额作为代理指标（陈小亮等，2021a），可以较为准确地刻画消费者需求量走势。此外，本书还估计了投资和消费的分项变量对货币政策的脉冲响应。就投资的分项变量而言，分别选取制造业固定资产投资、房地产固定资产投资作为代理指标，因为二者是固定资产投资的重要构成部分，制造业投资和房地产投资占全部固定资产投资的比重超过 50%，是具有代表性的固定资产投资分项指标。就消费的分项变量而言，分别选取商品零售总额、餐饮收入作为代理指标，能够分别刻画商品类消费、服务类消费的走势。需要注意的是，总产出、固定资产投资、消费与分项指标先使用 GDP 平减指数对原始数据进行调整，然后分别计算各指标的人均对数作为被解释变量。控制变量方面，参考阿尔普和祖拜里（Alpanda and Zubairy，2018）的做法，将滞后 4 期的总产出、固定资产投资和消费、GDP 和 GDP 平减指数作为控制变量，扩展模型则在此基础上加入该模型滞后 4 期的被解释变量。数据如无特殊说明，均来源于中经网数据库。数据样本时间为 2000 年第一季度到 2023 年第一季度①。

4.3.2 状态依存 LP 方法

为了系统地检验 CPI 与 PPI 背离状态下货币政策有效性是否发生变化，本书使用状态依存 LP 方法，对正常时期、CPI 与 PPI 背离时期的货币政策有效性进行了对比。这是因为状态依存 LP 方法具有两个优势。首先，与门限自回归模型、状态转移自回归模型相比，状态依存 LP 方法在进行模型估计时，使用简洁的单方程模型的设定，避免事先设定的函数形式由

---

① 由于消费分项指标公布时间较晚，考虑样本数据可得性，商品零售总额、餐饮收入对货币政策冲击的脉冲响应开始时间设定为 2010 年第一季度。

于不符合经济现实规律而导致估计结果出现偏误。此外，门限自回归模型、状态转移自回归模型不仅需要估计自回归方程的系数，而且需要估计状态转移概率等参数，但是与自回归模型不同，状态依存 LP 方法选用局部近似的估计方法计算外生货币政策冲击的脉冲响应，减少了待估参数的个数，不仅降低了模型求解的难度，而且可以保证模型能够得到更为准确的脉冲响应结果。因此，本书在乔达（Jorda，2005）使用的状态依存 LP 方法的基础上，结合中国具体实际情况，构建了如下状态依存 LP 模型：

$$y_{t+h} = I_{t-1}(\alpha_{A,h} + \beta_{A,h} shock_t + \psi_{A,h}(L)z_{t-1}) + $$
$$(1 - I_{t-1})(\alpha_{B,h} + \beta_{B,h} shock_t + \psi_{B,h}(L)z_{t-1}) + \varepsilon_{t+h}$$

其中，y_{t+h} 代表被解释变量（如产出水平、消费水平和投资水平等），$shock_t$ 代表货币政策冲击外生部分，z_t 代表控制变量（当控制变量的个数为 1 时为标量，当控制变量个数大于 1 时为列向量），ε_t 表示残差项，I_{t-1} 代表状态变量（当 I_{t-1} 取 1 时，表示 CPI 与 PPI 背离时期；此时 $1 - I_{t-1}$ 取 0，表示正常时期）。$\alpha_{A,h}$、$\alpha_{B,h}$ 分别代表 CPI 与 PPI 背离时期（正常时期）的截距项，$\beta_{A,h}$、$\beta_{B,h}$ 分别代表 CPI 与 PPI 背离时期（正常时期）的脉冲响应序列，参数 h 代表脉冲响应序列的时长（由于本书使用的数据为季度频率，所以 h 代表脉冲响应所持续的季度数），$\psi_h(L)$ 代表滞后算子的多项式。

4.4　实证检验结果分析

状态依存 LP 方法可以对正常时期、CPI 与 PPI 背离时期货币政策有效性进行对比分析。本书使用状态依存 LP 方法测算了 1 单位货币政策外生冲击在正常时期、CPI 与 PPI 背离时期分别对宏观变量产生的影响。通过对比两个状态下的脉冲响应大小，可以发现 CPI 与 PPI 背离时期货币政策有效性是否发生变化。具体说，如果不同状态下货币政策能对宏观变量产生预期影响，则说明 CPI 与 PPI 背离没有影响货币政策有效性。反之则说明 CPI 与 PPI 背离会影响货币政策有效性。

4.4.1　基准检验结果

本书使用状态依存 LP 方法对比了 CPI 与 PPI 背离时期和正常时期货币政策"稳增长"的效果，实证检验结果如图 4-1 所示。结果表明，在 CPI 与 PPI 背离时期货币政策对总产出、投资和消费的影响整体小于正常时期，说明 CPI 与 PPI 背离会削弱货币政策有效性。

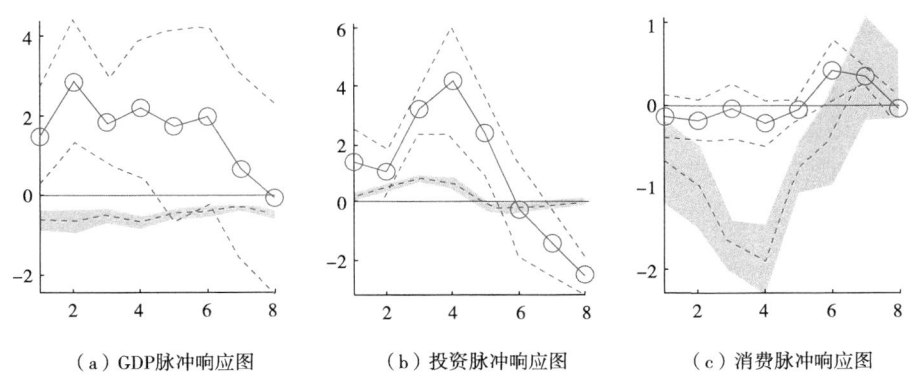

（a）GDP 脉冲响应图　　　　（b）投资脉冲响应图　　　　（c）消费脉冲响应图

图 4-1　正常时期与背离时期货币政策冲击的效果比较

注：点圈线代表正常时期，虚线代表背离时期。虚线与阴影范围为 95% 置信区间。纵坐标表示宏观经济变量对货币政策的脉冲响应；横坐标表示冲击后的时期，一期为一个季度。

具体而言，点圈线代表正常时期货币政策冲击的脉冲响应，从图 4-1 中可以看出，正常时期总产出对货币政策的脉冲响应迅速上升至 2.9，意味着在正常时期货币政策能够较快地传导到总产出端。类似的，正常时期投资对货币政策的脉冲响应也迅速上升至 4.2，意味着在正常时期货币政策能够较快地传导到投资端。正常时期货币政策对消费会产生正向的影响，但变动速度相对缓慢。消费对货币政策的脉冲响应在第 6 期达到峰值 0.43，总体上呈现缓慢上升的趋势。上述脉冲响应表明，在正常时期加大货币政策力度可以比较好地实现"稳增长"目标，货币政策能够有效传导到投资端和消费端。这主要是因为货币供应量增加导致利率水平下降，降低了全社会融资成本，从而导致总产出水平的提升，这一发现与姜再勇和钟正生（2010）的结果一致。

为了对比 CPI 与 PPI 背离时期和正常时期货币政策"稳增长"效果的差异，本书接下来考虑背离时期货币政策"稳增长"的效果。虚线代表 CPI 与 PPI 背离时期货币政策冲击的脉冲响应，可以发现虚线的走势和点圈线的走势呈现不同的特征。其中，图 4-1（a）总产出的脉冲响应图显示，虚线不仅在点圈线下方，而且数值基本小于零。图 4-1（b）投资的脉冲响应图显示，虚线在数值零上下小幅波动，意味着货币政策仅在前期产生微弱的正向影响，随后影响逐渐减小至负值。图 4-1（c）消费的脉冲响应图显示，虽然 CPI 与 PPI 背离时期显著性较低，但是虚线明显位于点圈线下方，而且数值基本小于零。上述脉冲响应表明，在 CPI 与 PPI 背离时期货币政策只能对总产出、投资和消费产生较为微弱的影响，货币政策逆周期效果明显减弱，不能很好地实现"稳增长"目标。为什么 CPI 与 PPI 背离会引起货币政策有效性下降？正如第二部分理论分析所述，主要原因在于通胀预期仅受消费类通胀率（CPI）影响，而不受非消费类通胀率的驱动（张成思和田涵晖，2020），因此 CPI 持续低位会对拉低公众通胀预期，随着公众对未来通货膨胀的看法发生改变，部分抵消了名义利率下降的影响，实际利率下降幅度减小甚至可能会上升，进而影响货币政策的有效性。因此，CPI 与 PPI 背离会弱化货币政策的利率机制、信贷机制，导致货币政策"稳增长"效果减弱，这与正常时期宽松货币政策的效果显著不同。有鉴于此，正常时期货币政策能够有效实现"稳增长"目标，但如果 CPI 与 PPI 发生背离，那么货币政策"稳增长"的效果会大打折扣。因此假说 H1 得到验证。

通过对比投资脉冲响应图与消费脉冲响应图，从图 4-1 中还可以得到两点结论。

第一，正常时期货币政策冲击对消费和投资的影响存在差异，货币政策冲击对投资影响更大、作用效果更明显。点圈线代表正常时期货币政策冲击的脉冲响应，对比（b）图和（c）图可以看出，投资对货币政策冲击在当期的脉冲响应迅速上升，在第 4 期达到峰值后逐渐回落。而消费对货币政策冲击在当期的脉冲响应较为微弱，在第 3 期逐渐转为正值后继续缓慢上升，并在第 7 期达到峰值。这意味着货币政策向投资的传导更为迅速，而货币政策向消费的传导则较为缓慢。为什么会存在传导速度的差异？主要是因为消费平滑效应①的存在，导致货币供应量冲击对消费的影响被平滑，因此货币政策向消费传导会经历一个逐渐上升的过程。

第二，为了对比 CPI 与 PPI 背离时期和正常时期货币政策对投资、消费的影响，本书考虑背离时期的情况。从图 4-1 可以看出，CPI 与 PPI 背离对货币政策"稳消费"效果产生更大影响。虚线代表 CPI 与 PPI 背离时期货币政策冲击的脉冲响应，对比（b）图和（c）图可以看出，投资的脉冲响应在初始阶段为正，在第 5 期逐渐转为负向影响，但是消费的脉冲响应持续为负，并且负向效应比投资的脉冲响应更明显。这意味着当 CPI 与 PPI 背离时，使用货币政策提振消费，其效果弱于对投资的提振作用。这主要是因为在 CPI 与 PPI 背离时期，如果利率对储蓄的收入预期效应大于替代效应，利率下降就会增加居民预防性储蓄②需求，在这种情况下减弱了货币政策"稳消费"的效果（杜宇玮和刘东皇，2011）。因此假说 H2 得到验证，接下来将使用分项数据进一步检验这个结论。

4.4.2　扩展分析

本书使用状态依存 LP 方法对比了 CPI 与 PPI 背离时期和正常时期消费、投资分项变量的脉冲响应，实证检验结果如图 4-2 所示，其中（a）（b）图展示了货币政策冲击对消费分项变量的影响，（c）（d）图展示了货币政策冲击对投资分项变量的影响。通过对不同状态下脉冲响应图进行对比，可以发现在 CPI 与 PPI 背离时期货币政策对投资、消费分项变量的影响也基本小于正常时期。具体而言，（a）（b）图中消费分项变量的点圈线（正常时期）位于虚线（CPI 与 PPI 背离时期）上方，意味着正常时期消费对货币政策的脉冲响应大于 CPI 与 PPI 背离时期。（c）（d）图中投资

---

① 消费平滑的理论基础来源于莫迪利亚尼及弗里德曼提出的生命周期—持久收入假说（LC-PIH）。生命周期—持久收入假说认为，个人会将自己一生的财富资源均等地在他生命中的每一期进行分配。即在给定的一个时期里，个人的消费不是由当期收入决定，而是由个人一生的劳动收入和初始财富决定的。后期研究对这个结论进行了修正，即消费对永久性收入冲击的反应低于基于永久性收入假说的预测结果，也就是消费存在着"过度平滑"的现象（Blundell et al.，2008；Attanasio and Pavoni，2011）。

② 卡罗尔（Carroll，1997）基于预防性储蓄模型发现，收入具有不确定性的居民会表现出预防性储蓄行为。根据预防性储蓄理论，影响居民消费的因素很大程度上来自人们对未来的心理预期，如对经济形势、收入等的不确定性的预期。

分项变量的点圈线也基本位于虚线上方，房地产投资仅在中间部分时期虚线超过点圈线。但总体上，正常时期投资对货币政策的脉冲响应也大于CPI 与 PPI 背离时期。这进一步验证了 CPI 与 PPI 背离会降低货币政策有效性的结论。

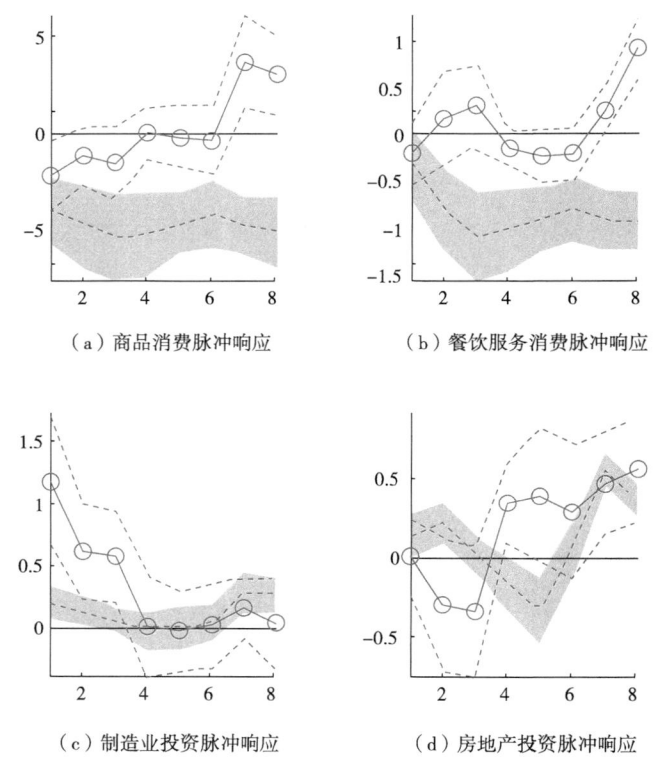

（a）商品消费脉冲响应　　　　（b）餐饮服务消费脉冲响应

（c）制造业投资脉冲响应　　　　（d）房地产投资脉冲响应

图 4-2　正常时期与背离时期货币政策冲击的效果比较

注：点圈线代表正常时期，虚线代表背离时期。虚线与阴影范围为 95% 置信区间。纵坐标表示宏观经济变量对货币政策的脉冲响应；横坐标表示冲击后的时期，一期为一个季度。

具体而言，从图 4-2（a）（b）图可以看出，正常时期商品消费和餐饮服务消费对货币政策的脉冲响应都呈现逐渐上升的趋势，在 7~8 期左右达到峰值，分别为 3.7 和 0.9，意味着货币政策能够有效影响商品消费和餐饮服务消费。从图 4-2（c）（d）图可以看出，制造业投资对货币政策的脉冲响应在当期迅速上升，后期脉冲响应有所下降并在 6~7 期回升，而房地产投资的脉冲响应也逐渐上升至峰值，二者峰值分别为 1.2 和 0.6，在此期间货币政策脉冲响应基本持续为正，意味着在正常时期货币政策能够快速地传导到制造业投资端、房地产投资端，同时产生较为持续的影响。上述脉冲响应表明，在正常时期加大货币政策力度对于投资端、消费端分项指标的影响也较为显著，因此货币政策可以比较好地实现"稳增长"目标。其原因在于扩张的货币政策导致公众能够持有更多的货币，提高了公众的购买力，进而分别促进居民消费和企业投资的扩张，即货币政策传导至居民消费端和企业投资端（Mishkin，1996）。

为了对比 CPI 与 PPI 背离时期和正常时期货币政策有效性的差异，本书接下来考虑背离时期的货币政策有效性。虚线代表 CPI 与 PPI 背离时期货币政策冲击的脉冲响应，分析脉冲响应图可以发现，CPI 与 PPI 背离期间货币政策有效性显著下降。从图 4-2（a）（b）图可以看出，商品消费、餐饮服务消费在对货币政策的脉冲响应持续为负，意味着 CPI 与 PPI 背离时期加大货币政策力度无法对消费产生有效的提振效果。从图 4-2（c）（d）可以看出，制造业投资对货币政策的脉冲响应总体较小，房地产投资在 CPI 与 PPI 背离时期对货币政策的脉冲响应在初始阶段不断上升，第 7 期达到峰值后有所下降，主要是因为房地产业属于利率敏感行业，所以利率上升对房地产投资会产生较大影响，通胀变动对房地产投资影响较为有限（陈海龙，2020）。因此，分项变量的实证检验结果也与假说 H2相符。

本书对比消费、投资分项数据的脉冲响应图，进一步分析 CPI 与 PPI 背离是否会对货币政策向消费的传导产生更大的影响。对比图 4-2 中 CPI 与 PPI 背离时期和正常时期的脉冲响应图，可以看出，（a）（b）图中商品消费、餐饮服务消费虚线持续在点圈线下方，而（c）（d）图中制造业投资、房地产投资的虚线在部分时期超过点圈线，意味着 CPI 与 PPI 背离会对货币政策向消费的传导产生更大的阻碍作用，导致货币政策向消费传导不畅。此外，分析虚线所示的 CPI 与 PPI 背离时期脉冲响应可以发现，（a）（b）图中消费分项变量的脉冲响应持续为负，（c）（d）图中投资分项变量的脉冲响应总体为正，意味着 CPI 与 PPI 背离期间，货币政策仍能对投资产生一定影响，但是货币政策无法有效传导至消费端。为什么会产生这种差异？主要是因为投资对利率的敏感度更高，尤其对于制造业和房地产等资本密集型行业。这些行业资本占总投入的比重较大，利率下降会引起相关行业增加投资，所以 CPI 与 PPI 背离对货币政策"稳投资"的影响相对有限。上述脉冲响应结果表明，当 CPI 与 PPI 背离时，加大货币政策力度在部分时期对房地产等行业投资可以产生一定的正向影响。与之不同的是，CPI 与 PPI 背离时期货币政策难以有效实现提振消费的目标，再次验证了假说 H2。

因此，在 CPI 与 PPI 背离时期，如果使用扩张的货币政策，不仅会推高价格指标，而且不能实现预期的"稳增长"目标。如果使用收缩货币政策，则可能加剧另一价格指标的降幅，同时也会拉低经济增长的水平。这一结论有助于明确货币政策合理定位，同时为货币政策两难问题提供了解决思路。一方面，货币政策要坚持稳健的定位。既要避免货币政策大水漫灌，同时要避免货币政策力度不足的情况发生。另一方面，央行要加强预期管理，通过央行沟通降低 CPI 与 PPI 背离带来的通胀感知偏差，同时要积极疏通物价上下游传导机制，推动 CPI 与 PPI 同向变动。

4.5 稳健性检验

为了保证假说 H1 和 H2 的实证检验结果具有稳健性，本书进行了三方面稳健性检验。首先，将更多控制变量纳入状态依存 LP 模型。其次，将被解释变量替换为价格型货币政策冲击的外生部分。最后，调整本书界定"CPI 与 PPI 背离状态"和正常状态的阈值。

4.5.1 纳入影响货币政策有效性的重要因素

在基准回归中，本书参考阿尔普和祖拜里（Alpanda and Zubairy, 2019）将滞后四期的总产出、固定资产投资和消费、GDP 和 GDP 平减指数，以及模型被解释变量作为控制变量，对相关因素的影响进行控制。除了上述因素之外，还有一些重要变量可能影响货币政策向实体经济的传导，需要对此类变量加以控制，进一步验证基准模型实证结果的稳健性。第一类变量是政府购买。财政政策和货币政策经常配合发力，所以需要控制财政政策对实体经济产生的影响，因此本书使用常等（Chang et al., 2016）测算的政府购买数据作为控制变量。第二类变量是资本回报率。货币政策能否有效传导至实体经济会受到资金流向的影响，如果资金没有流向实体经济，可能减弱货币政策"稳增长"的效果。为了避免近年来由于资本回报率下降引起的资金"脱实向虚"导致估计结果出现偏误，错误地估计 CPI 与 PPI 背离对货币政策有效性的影响，本书使用刘仁和等（2018）的测算结果作为资本回报率的代理指标，并且使用三次样条插值法将年度资本回报率数据调整为季度数据。

图 4-3 展示了控制政府购买和资本回报率之后的脉冲响应结果。从图 4-3（a）可以看出，纳入新的控制变量之后，点圈线（代表正常时期）依然高于虚线（代表 CPI 与 PPI 背离时期），并且在大多数时期点圈线代表的脉冲响应都大于 0，而虚线代表的脉冲响应持续在 0 值以下。由此可见，在正常时期，数量型货币政策冲击会对 GDP 产生显著的正向作用，而在 CPI 与 PPI 背离时期，数量型货币政策冲击则会对 GDP 产生较为明显的负向影响。因此，在控制政府购买和资本回报率的影响之后，假说 H1 依然成立。

图 4-3（b）和（c）展示了控制政府购买和资本回报率之后投资和消费的脉冲响应结果。从图 4-3（b）可以看出，代表正常时期的点圈线与代表 CPI 与 PPI 背离时期的虚线的脉冲响应，在影响方向上不存在显著差异，主要区别在于正常时期货币政策对投资的影响程度更大。可见，对企业投资而言，正常时期和 CPI 与 PPI 背离时期货币政策调控效果的差异并不显著。与之不同，图 4-3（c）显示，正常时期货币政策对消费会产生显著影响，但是相比之下，CPI 与 PPI 背离时期货币政策对消费的影响明显偏弱，脉冲响应持续为负，在较长一段时间后才缓慢上升并逐渐产生正向影响。可见，CPI 与 PPI 背离会显著降低货币政策对消费的调控效果，但是对货币政策"稳投资"的影响并不显著，因此假说 2 得到验证。

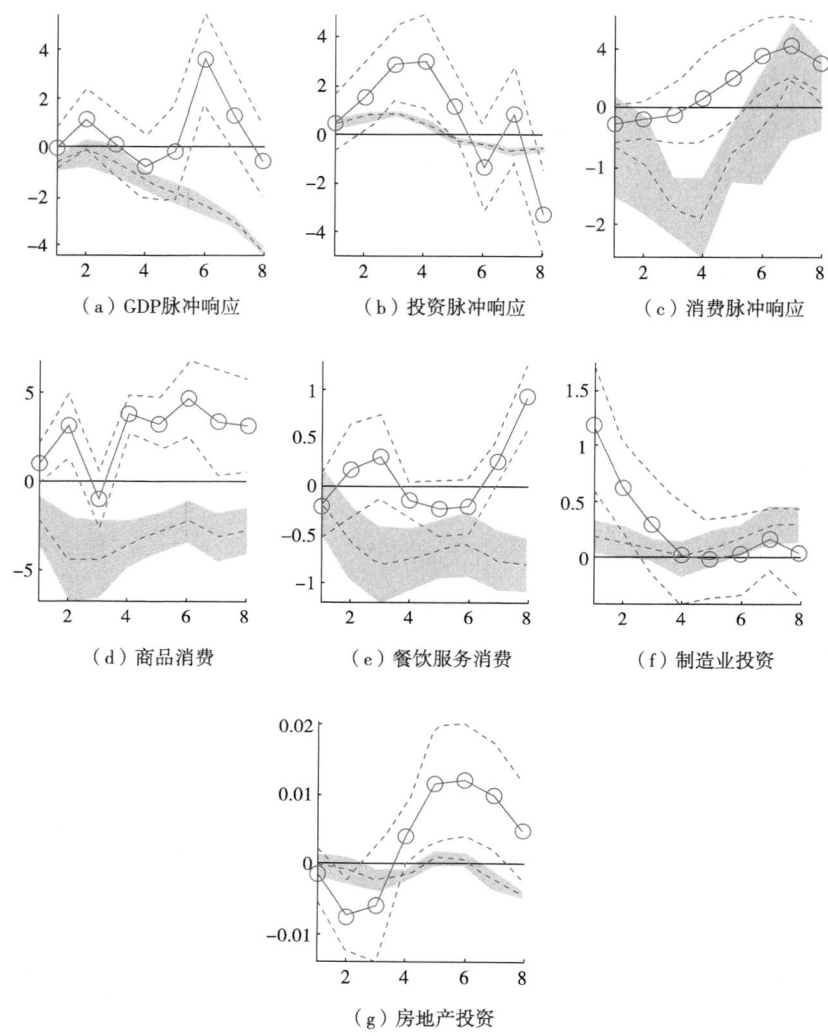

图 4-3　正常时期与背离时期货币政策冲击的效果比较

注：点圈线代表正常时期，虚线代表背离时期。虚线与阴影范围为 95% 置信区间。纵坐标表示宏观经济变量对货币政策的脉冲响应；横坐标表示冲击后的时期，一期为一个季度。

4.5.2　替换为价格型货币政策冲击

在基准回归模型中，本书主要验证了数量型货币政策的有效性。考虑到当前我国正在推进利率市场化改革，价格型货币政策的重要性越发明显，在稳健性检验中本书进一步验证了 CPI 与 PPI 背离对价格型货币政策有效性的影响。因此，首先参考阿尔普和祖拜里（Alpanda and Zubairy，2018）对价格型货币政策冲击外生部分进行识别，然后对比了 CPI 与 PPI 背离时期、正常时期价格型货币政策对产出、消费和投资的影响。

图 4-4 展示了价格型货币政策冲击的脉冲响应结果。从图 4-4（a）可以看出，将被解释变量调整为价格型货币政策冲击之后，点圈线（代表正常时期）依然高于虚线（代表 CPI 与 PPI 背离时期），并且在大多数时期点圈线代表的脉冲响应都大于 0，而虚线代表的脉冲响应持续在 0 值以下。由此可见，在正常时期，价格型货币政策冲击会对 GDP 产生显著的正向作用，而在 CPI 与 PPI 背离时期，价格型货币政策冲击则会对 GDP 产生较为明显的负向影响。因此，将被解释变量调整为价格型货币政策冲击之后，假说 H1 依然成立。图 4-4（b）和（c）展示了将被解释变量调整为价格型货币政策冲击之后投资和消费的脉冲响应结果。从图 4-4（b）可以看出，代表正常时期的点圈线与代表 CPI 与 PPI 背离时期的虚线的脉冲响应，在影响方向上不存在显著差异，主要区别在于正常时期货币政策对投资的影响程度更大。可见，对企业投资而言，正常时期与 CPI 与 PPI 背离时期货币政策的调控效果没有显著差异。与之不同的是，图 4-4（c）显示，正常时期货币政策对消费会产生显著影响，但是相比之下，CPI 与 PPI 背离时期货币政策对消费的影响明显偏弱，脉冲响应持续为负，在较长一段时间后才缓慢上升并逐渐产生正向影响。可见，CPI 与 PPI 背离会显著降低货币政策对消费的调控效果，但是对货币政策"稳投资"的影响并不显著，因此假说 H2 也依然成立。

4.5.3 改变不同 CPI 与 PPI 背离状态界定的阈值

在基准回归中，本书借鉴倪红福等（2023）的思路，将 CPI 与 PPI 差值的绝对值高于 2%，并且持续时间超过 6 个月作为 CPI 与 PPI 背离状态的界定标准。在稳健性检验中，将界定阈值提高 1 个百分点后，本书进一步检验了假说的稳健性（见图 4-4、图 4-5）。

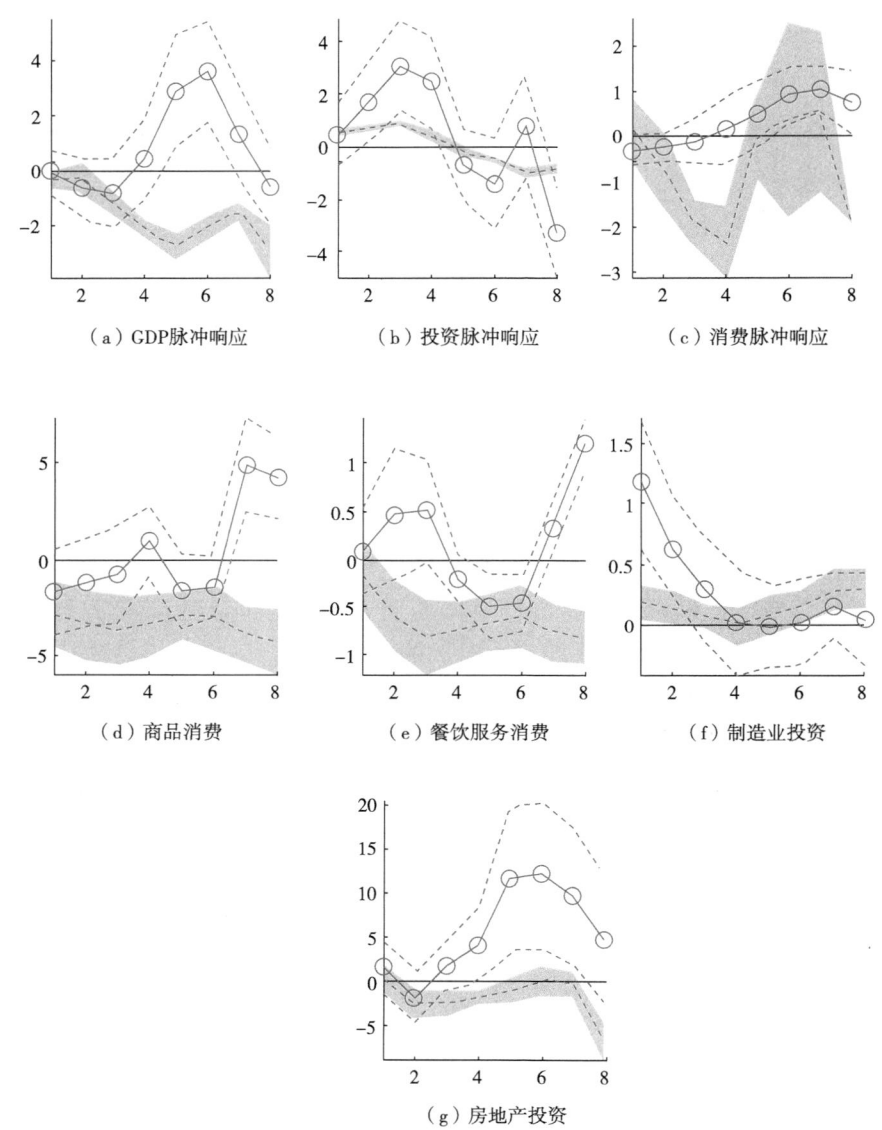

（a）GDP脉冲响应　　　（b）投资脉冲响应　　　（c）消费脉冲响应

（d）商品消费　　　（e）餐饮服务消费　　　（f）制造业投资

（g）房地产投资

图 4-4　正常时期与背离时期价格型货币政策冲击的效果比较

图 4-5（a）的脉冲响应表明，改变 CPI 与 PPI 背离的界定阈值后，假说 H1 依然成立。从图 4-5（a）体现的当期效应看，即使改变 CPI 与 PPI 背离的阈值，在冲击发生的前几期，整体而言代表正常时期的点圈线，处于代表 CPI 与 PPI 背离状态虚线的上方。由此可见，在正常时期，数量型

货币政策冲击会对 GDP 产生显著的正向作用，而在 CPI 与 PPI 背离时期，数量型货币政策冲击则会对 GDP 产生较为明显的负向影响。本书据此认为，即便是改变 CPI 与 PPI 背离状态界定的阈值，CPI 与 PPI 背离时期货币政策有效性也明显下降，从而验证了假说 H1。

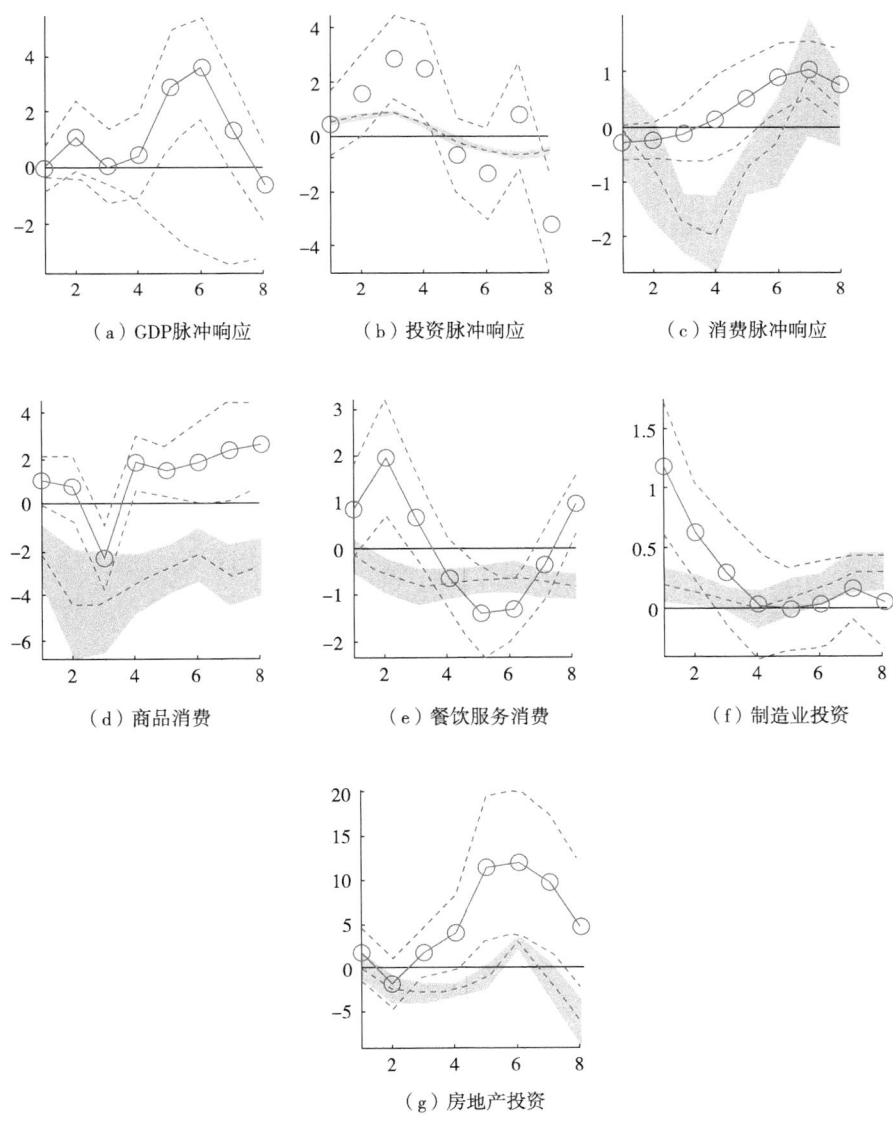

图 4-5　正常时期与背离时期货币政策冲击的效果比较

　　同时，通过分析图 4-5（b）和（c）可以再次证实假说 H2，即 CPI 与 PPI 背离时期货币政策对消费的影响明显下降，而货币政策对投资的影响没有发生明显变化。图 4-5（b）显示，代表正常时期的点圈线与代表 CPI 与 PPI 背离时期的虚线的脉冲响应，在影响方向上不存在显著差异，主要区别在于正常时期货币政策对投资的影响程度更大。可见，对企业投资而言，正常时期与 CPI 与 PPI 背离时期货币政策的调控效果没有显著差异。与之不同，图 4-5（c）显示，改变不同 CPI 与 PPI 背离状态界定的阈值之后，仍然可以发现：正常时期货币政策对消费会产生显著影响；相比之下，CPI 与 PPI 背离时期货币政策对消费的影响明显偏弱，脉冲响应持续为负，在较长一段时间后才缓慢上升并逐渐产生正向影响。可见，CPI 与 PPI 背离会显著降低货币政策对消费的调控效果。

4.6　主要结论

　　在全球经济增长放缓的背景下，CPI 与 PPI 背离的频繁发生增加了央行使用货币政策进行宏观调控的难度。为了实现"稳增长"目标，货币政策需要适当加大力度以缓解经济下行压力，但货币政策的有效性是否有所减弱，还是货币政策依然保持较高的有效性，成为需要回答的重要问题。现有一些文献的观点认为，宽松的货币政策能够有效实现"稳增长"目标。然而，这些研究忽略了 CPI 与 PPI 背离对货币政策效果的影响。为此，本书对 CPI 与 PPI 背离时期的货币政策有效性进行理论分析，并使用状态依存 LP 方法，基于中国 2000 年第一季度至 2023 年第一季度的数据进行实证检验，系统研究了在 CPI 与 PPI 背离时期，货币政策在实现"稳增长"目标效果方面相对于正常时期的差异。

　　本书得到两点主要结论。第一，CPI 与 PPI 背离的确减弱了中国货币政策的"稳增长"效果。这是因为，通胀预期仅受消费类通胀率影响，而不受非消费类通胀率的驱动，因此 CPI 与 PPI 背离会影响公众对未来通货膨胀的看法，导致实际利率下降幅度减小甚至可能会上升。第二，CPI 与 PPI 背离对货币政策调控效果的影响主要体现在消费上，对投资的影响相对偏弱。这是因为，CPI 与 PPI 背离引起的通胀感知偏差导致家庭的住房投资需求和财务杠杆下降，在财富效应的影响下可能被动减少消费，减弱了扩张型货币政策对消费的拉动效果。而 CPI 与 PPI 背离虽然会部分抵消货币扩张对投资的正向影响，但抵消效果相对有限。

5 CPI 与 PPI 背离的影响因素分析：基于机器学习筛选方法

2011 年以来，我国 CPI 与 PPI 背离现象频繁发生，考虑到 CPI 与 PPI 背离对宏观政策有效性产生较大影响，因此很有必要筛选出其背后的主要影响因素。已有文献主要使用 VAR 及其拓展模型等传统线性方法开展研究，对变量之间的非线性影响考虑得不够全面，而且能够研究的变量个数较少。为了弥补已有研究的不足，本书综合使用随机森林等机器学习方法以及 SHAP 值可解释性方法，全面分析了 CPI 与 PPI 背离潜在影响因素的重要性权重及其动态变化。研究结果表明，第一，大宗商品价格是 CPI 与 PPI 背离最重要的影响因素。第二，流动性因素、债务因素也是 CPI 与 PPI 背离重要的影响因素。第三，与已有文献得到的结论不同，本书发现在 CPI 与 PPI 背离期间需求侧因素、供给侧因素的重要性低于正常时期。有鉴于此，本书认为，应该高度重视大宗商品价格对 CPI 与 PPI 背离的影响，而且中央正在实行的结构性货币政策、结构性去杠杆等政策实践，对于 CPI 与 PPI 背离具有很好的针对性，未来应该加强两类措施以防范流动性和债务等因素再度触发 CPI 与 PPI 背离风险。

5.1 概述

2008 年全球金融危机之后，我国发生了多轮 CPI 与 PPI 背离，增加了宏观调控的难度。一方面，在 CPI 与 PPI 背离时期货币政策有效性下降，央行加大货币政策力度也较难实现"稳增长"目标；另一方面，CPI 与 PPI 发生趋势性背离时，货币政策盯住单个价格指标会增大另一指标的波动，导致央行货币政策制定陷入两难。需要注意的是，多轮 CPI 与 PPI 背离都呈现背离程度大、价格指数分化的典型特征，在表现形式上有较强的规律性。同时 CPI 与 PPI 背离在 2008 年之后频繁发生，意味着可能受到共同影响因素的驱动。那么 CPI 与 PPI 背离的共同影响因素是什么，不同轮次 CPI 与 PPI 背离在影响因素方面是否存在一定的差异等，都是围绕 CPI 与 PPI 背离展开而亟待解决的问题。因此很有必要对 CPI 与 PPI 背离的潜在影响因素进行变量筛选，以识别出其主要影响因素，从而前瞻性地预防 CPI 与 PPI 背离的风险和危害。

值得注意的是，大宗商品价格和 CPI 与 PPI 背离呈现较高的协同性，是 CPI 与 PPI 背离的重要潜在影响因素之一。2011—2016 年，我国发生了以 CPI 上涨、PPI 下跌为特征的 CPI 与 PPI 背离，而在这期间受到美元走强以及页岩油、页岩气革命的影响，全球大宗商品价格持续下行。2016—2018 年，CPI 与 PPI 背离以 CPI 温和增长但 PPI 过热为主要特征，同时这一时期由于美元走弱、石油输出国组织减产导致全球大宗商品价格快速上升。2019—2020 年 CPI 与 PPI 背离，以及 2021—2022 年 CPI 与 PPI 背离，都与大宗商品价格变动呈现高度一致性。这主要是因为大宗商品是上游工业品厂商重要的投入品，其价格变动会引起上游厂商成本和定价产生明显变化。央行在 2021 年第一季度《货币政策执行报告》中总结了 CPI 与 PPI 的走势，指出"全球大宗商品价格上涨可能阶段性推升我国 PPI，但输入性通胀的风险总体可控"。

越来越多的文献尝试研究大宗商品价格相关指标对 CPI 与 PPI 背离的影响。一部分文献将国际石油价格、钢铁、矿产、农产品等大宗商品价格指标纳入指标体系（高东胜，2011；张怀清等，2019）。还有一部分文献将多方面的大宗商品价格构建为美国商品研究局指数（CRB），然后将 CRB 指数纳入 CPI 与 PPI 背离指标体系（龙少波等，2016；侯成琪等，2018）。上述文献研究了大宗商品价格对 CPI 与 PPI 背离的影响，但是仍然存在以下可改进之处。一是已有文献主要分析了大宗商品价格是否影响了 CPI 与 PPI 背离，没有明确回答大宗商品价格对 CPI 与 PPI 背离的相对重要性。这主要是因为已有研究通常使用传统模型或计量方法，能够考察的变量个数较为有限。二是已有文献使用传统方法仅考察了变量之间的线性关系，CPI 与 PPI 背离与各影响因素之间存在复杂的非线性关系，但是针对这方面的研究仍然较少。

有鉴于此，本书主要进行了两方面工作。第一，在中国 2006—2022 年的月度数据基础上，本书充分考虑 CPI 与 PPI 背离相关理论，国内学者提出的 CPI 与 PPI 背离影响因素，以及中国 CPI 与 PPI 背离的现状，采取模块化和多维度的设计思路，构建了包含需求、供给、流动性、债务、大宗商品、预期和成本六大类指标（共计 20 个影响因素）的指标体系，较为完整全面地覆盖了 CPI 与 PPI 背离的潜在影响因素。第二，综合使用随机森林和 SHAP 值可解释性方法，在统一的研究框架下计算了 CPI 与 PPI 背离各类影响因素的重要性权重。与传统实证方法相比，机器学习方法可以利用数据找到最优的函数形式，既可以考察更多 CPI 与 PPI 背离的潜在影响因素，又能深入挖掘变量之间的非线性关系，降低了模型的变量选择误差。进一步的，本书在准确界定 CPI 与 PPI 背离时期的基础上，分析了各类影响因素重要性权重的动态变化，从而便于对 CPI 与 PPI 背离的规律性特征以及时变特征进行总结。

本章的边际贡献包括两点。一是本章使用机器学习方法进行变量选择和参数估计，不仅能有效探索不同时期 CPI 与 PPI 背离影响因素的规律，而且能充分考虑大宗商品价格与其他变量之间的非线性关系，重要性权重的计算结果更加全面、准确。通过不同时期重要性权重的动态比较，本章发现，在正常时期大宗商品价格重要性权重较低，但是在 CPI 与 PPI 背离时期，大宗商品价格重要性权重不仅较正常时期明显上升，并且显著高于其他影响因素，本章为大宗商品价格波动是 CPI 与 PPI 背离重要影响因素的发现提供了充分的经验证据。二是在机器学习方法识别结果的基础上，本章刻画了六大类影响因素重要性权重在时间维度上的演变过程，不仅发现大宗商品价格是 CPI 与 PPI 背离最重要的影响因素，而且发现债务、流动性等影响因素的重要性，在近期几轮 CPI 与 PPI 背离有所下降，是已有研究较少涉及的。因此，我国近年来实行的结构性去杠杆和结构性货币政策等政策实践，对于 CPI 与 PPI 背离有很好的针对性。总体而言，本章是对现有文献的有益拓展与补充，研究结果为我国坚持结构性去杠杆等宏观调控创新举措提供了理论与实证支撑，也对如何前瞻性防范 CPI 与 PPI 背离的风险和危害具有一定的参考意义。

5.2 我国 CPI 与 PPI 背离的潜在影响因素分类

2011 年以来，我国发生了多轮 CPI 与 PPI 背离，而研究其影响因素的文献主要围绕 2011—2016 年 CPI 与 PPI 背离展开，少数文献分析了其他轮次的背离。为了构建一个全面完整的指标体系，本书参考陈小亮等（2021b）梳理了已有文献的研究结论，对 CPI 与 PPI 背离的潜在影响因素进行了系统分析和归类。由于在第 2 章文献综述部分已经分析评述了 CPI 与 PPI 背离的现有研究，因此本节将重点对已有文献所关注的变量进行总结。

研究 2011—2016 年 CPI 与 PPI 背离影响因素的文献，主要考察了需求、供给、债务、流动性、大宗商品、预期和成本六大类因素对 2011—2016 年 CPI 与 PPI 背离的影响。就需求侧因素而言，张明和谢家智（2015）考虑了投资因素的影响，伍戈和曹红钢（2014）考察了消费因素和居民收入对 CPI 与 PPI 背离的影响。就供给侧因素而言，侯成琪等（2018）、赵佳丽等（2018）分别将消费品供给、工业企业库存作为 CPI 与 PPI 背离的重要影响因素。就流动性因素而言，大量研究（李斌，2010；陈永志和朱炎亮，2011）将数量型货币政策纳入 CPI 与 PPI 背离的分析，主要是因为根据货币数量论[①]的观点，货币供给量是物价变动重要影响因素之一。然而 2008 年金融危机后，中国货币数量论失效表现出新特点（陈彦斌等，2015），其原因在于房地产等资产价格的上涨和政府债务扩张增强了居民的持币意愿，所以货币供应量上升没有引起应有的通货膨胀。为了更加准确地刻画物价以及 CPI 与 PPI 背离的影响因素，在指标体系中纳入价格型货币政策。吴立元等（2020）将利率作为 CPI 与 PPI

---

① 货币数量论认为，货币数量的增长会引起物价水平的同比例增长。欧文·费雪在其代表作《货币的购买力》中提出的货币交易方程（又称费雪方程）是货币数量论的核心方程。费雪方程表明，物价水平乘以实际总产出等于流通中的货币数量乘以货币流通速度。其中，货币流通速度由公众的支付习惯和信用范围等因素决定。这些因素通常不会迅速和大幅的变动，因此货币流通速度基本保持稳定。这意味着货币增长率在剔除实际经济增长率后应等于通货膨胀率。

背离的影响因素，发现利率对产出缺口的反应会提升对最终消费品的需求，从而拉高了 CPI。就债务因素而言，根据价格的财政决定论①观点，政府债务水平是物价水平的重要影响因素。不仅政府债务会影响物价水平，家庭债务、企业债务分别会对 CPI 与 PPI 产生影响，陈小亮等（2021b）使用机器学习方法对 PPI 通缩的影响因素进行识别，发现债务因素是 PPI 通缩的重要影响因素。就大宗商品因素而言，伍戈和曹红钢（2014）、侯成琪等（2018）、张怀清等（2019）和吴立元等（2020）考察了大宗商品价格对 CPI 与 PPI 背离的影响，伍戈和曹红钢（2014）、高东胜（2011）分别将石油输出国组织（OPEC）"一揽子"原油价格同比指数、国际石油价格波动纳入 CPI 与 PPI 背离的指标体系。就预期和成本因素而言，龙少波和陈璋（2013）、吴立元等（2020）将劳动力成本作为重要影响因素。

近年来，我国又发生了多轮 CPI 与 PPI 背离，仅有部分文献对其进行了研究。其中，吴立元等（2020）构建 DSGE 模型考察了大宗商品、劳动力成本和货币政策三方面因素对 CPI 与 PPI 背离的影响。许光建和马祎明（2021）从定性的角度研究了食品价格和大宗商品价格如何引起 CPI 与 PPI 背离。由此可以看出，研究其他轮次 CPI 与 PPI 背离的文献所考察的影响因素也包含在六大类影响因素中，因此，本书构建的包含需求、供给、债务、流动性、大宗商品、预期和成本的指标体系，能够涵盖 CPI 与 PPI 背离的潜在影响因素。

5.3　方法选取与模型构建

本书综合使用机器学习方法与 SHAP 值可解释性方法，对 CPI 与 PPI 背离的潜在影响因素进行筛选。具有三点优势。一是机器学习方法不需要

---

①　物价水平的财政决定理论包括李嘉图体制和非李嘉图体制两种情况。在李嘉图体制下，当政府税收和支出决策具有相对任意性时，政府的债务水平实际上是决定物价的一个重要因素，跨期预算等式对于任何物价水平均成立。在非李嘉图体制下，跨期预算等式只要求在均衡物价水平下成立，因此财政政策的任意性迫使物价必须进行调整，从而物价的稳定将同时受到货币政策和财政政策的影响。

事先设定自变量与因变量关系的函数形式，而是利用数据找到最优的函数形式，避免了模型误设的问题。二是机器学习方法框架更加灵活，计算和求解能力大幅提升，不仅可以在统一的研究框架下计算 CPI 与 PPI 背离各类影响因素的重要性权重，而且能深入挖掘各潜在影响因素与 CPI、PPI 背离之间的非线性关系，从而能够更准确地对 CPI 与 PPI 背离的潜在影响因素进行筛选。三是机器学习方法可以分析各类影响因素在不同轮次 CPI 与 PPI 背离中重要性权重的动态变化，从而便于对 CPI 与 PPI 背离的规律性特征以及时变特征进行总结。本部分首先介绍本书所用的机器学习方法及参数设定，然后系统介绍 SHAP 值可解释性方法及其在本书的设定。

5.3.1 机器学习方法简介及其在本书中的使用

本书首先选择 LASSO、弹性网等线性机器学习方法，以及随机森林、XGBoost 等非线性机器学习方法，然后使用"赛马法（horse-racing）"从中挑选更加适用于本书的方法。

（1）LASSO 和弹性网。这两种方法是代表性的线性机器学习方法，能够增强传统线性回归模型估计量的稳定性。LASSO 在线性回归的基础上加入了 L1 正则项，损失函数为：

$$J_L(w) = \frac{1}{2} \| y - Xw \|^2 + \lambda \sum_{i=1}^{n} | w_i |$$

弹性网则同时加入 L1、L2 正则项，损失函数为：

$$J_N(\theta) = \frac{1}{2} \| y - X\theta \|^2 + \lambda \left(\alpha \sum_{i=1}^{n} | \theta_i | + \frac{1-\alpha}{2} \sum_{i=1}^{n} \theta_i^2 \right)$$

本书在训练 LASSO、弹性网时，采用滚动网格搜索法寻找最优超参数，发现这两个模型中 λ 的最优取值分别为 0.001 和 0.002。此外，弹性网中弹性系数 α 的最优取值为 0.5。

（2）随机森林和 XGBoost。这两种方法是代表性的非线性机器学习方法，通过集成算法实现对决策树模型性能的提升。随机森林模型由布雷曼（Breiman, 2001）提出，结合装袋算法和重抽样对回归树模型进行集成，其中抽样的步骤强化了回归树构造过程中的随机性，从而每棵回归树之间的相关性得到控制，进一步增强了模型的泛化能力。XGBoost 也是目前比较流行的集成学习算法之一，采用加性模型和前向分步算法对回归树进行集成。XGBoost 将多个弱学习器集成起来进行联合预测，可以得到总体效果更好的强学习器，并且集成得到的强学习器缓解了单个复杂模型存在地过拟合问题。在训练随机森林、XGBoost 模型时，采用滚动网格搜索法寻找最优超参数，发现随机森林模型最优回归树数量为 30，每棵回归树最大深度为 5。XGBoost 模型最优回归树数量为 50，每棵回归树最大深度为 6，学习率为 0.1。

参考格龙（Géron，2019）文献的常见做法，本书选取均方误差（RMSE）、平均绝对百分比误差（MAE）和决定系数（R^2），作为不同机器学习方法预测性能的评估指标。

5.3.2 SHAP 值可解释性方法及其在本书中的使用

可解释性方法可以划分两大类，一类是以排列重要性、递归消除特征法等为代表的全局解释方法；另一类是以 LIME、SHAP 值等方法为代表的局部解释方法。其中，SHAP 值方法借鉴了合作博弈论的原理，使用 Shapley 值解释机器学习方法的预测结果，因此其测算结果不仅具有的良好的统计学性质，而且可以得到排序结果的动态序列[①]（Aas et al.，2021）。有鉴于此，本书使用 SHAP 值方法作为可解释性方法。

首先考虑合作博弈的情形，玩家（players）在联盟中合作并从这种合作中获得一定的收益，而 Shapley 值正是一种根据玩家对总支出的贡献为玩家分配支出（payments）的方法。然后在 SHAP 值方法中可以将合作博弈的概念与机器学习模型一一对应。合作博弈中的"总支出"可以对应单条数据的 CPI 与 PPI 增速 $\hat{y}_t$，"玩家 j" 对应第 j 个 CPI 与 PPI 的影响因素 $x_{t,j}$。借鉴合作博弈论的原理，$\hat{y}_t$ 可以分解为：

---

① 本书要研究的问题是 2006—2022 年多轮 CPI 与 PPI 背离的主要影响因素，其关键在于比较不同轮次中 CPI 与 PPI 背离潜在影响因素的重要性权重及排序，重要性权重越高（或排序越靠前）意味着该影响因素越重要。在实证建模过程中，本书使用 SHAP 值方法可以测算得到不同轮次中 CPI 与 PPI 背离潜在影响因素的重要性权重及排序情况。

$$\hat{y}_t = y_{base} + f(x_t, 1) + f(x_t, 2) + \cdots + f(x_t, k) , \quad J = 1, 2, \cdots, M$$

$$(5.1)$$

其中，y_{base} 是模型的基线值，$f(x_t, j)$ 为 $x_{t,j}$ 所分配到的 SHAP 值。当 $f(x_t, j) > 0$，说明该影响因素 j 提升了 CPI 与 PPI 增速，有正向作用；反之，说明该目标有反向作用。可以看出，SHAP 值能反映出每个样本中所有货币政策最终目标的重要性，而且还可以表现出这种影响的正负性。对于第 j 个 CPI 与 PPI 的影响因素的 SHAP 值 $f(x_t, j)$，其计算公式为：

$$f(x_t, j) = \sum_{M \subseteq F \setminus j} \frac{|M|! \, (|M| - |S| - 1)!}{|M|!}$$

$$(v(S \cup \{j\}) - v(S)) , \quad j = 1, 2, \cdots, M \qquad (5.2)$$

其中，S 是不包含第 j 个目标的目标子集；$v(S)$ 是使用目标子集 S 里面所有元素对 CPI 与 PPI 增速的条件预测值，$v(S) = E[f(x) | x_S = x_S^*]$；$v(S \cup \{j\})$ 是在目标子集 S 基础上包含第 j 个目标后，对 CPI 与 PPI 增速的条件预测值，$v(S \cup \{j\}) = E[f(x) | x_{S \cup \{j\}} = x_{S \cup \{j\}}^*]$。对于 $v(S)$ 而言，由于其剔除了目标 j 的影响，所以模型无法直接求得其显式解。考虑到真实样本中大部分特征之间存在相关性，阿斯等（Aas et al., 2021）使用 Nadaraya-Watson 估计计算 $v(S)$，在 Nadaraya-Watson 估计下条件期望 $v(S)$ 的蒙特卡洛积分计算公式为：

$$v(S) = E[f(x) | x_S = x_S^*] = \frac{\sum_{k=1}^{K} w_S(x^*, x^k) f(x_{\bar{S}}^k, x_S^*)}{\sum_{k=1}^{K} w_S(x^*, x^k)} \qquad (5.3)$$

其中，核函数 $w_S(x^*, x^k)$ 度量了样本 x^* 与 x^k 在由目标子集 S 里面所有元素构成的空间上的距离，本书参考阿斯等（Aas et al., 2021），选择高斯核函数 $w_S(x^*, x^n) = \exp\left(-\frac{D_S(x^*, x^k)^2}{2\sigma^2}\right)$ 作为模型的核函数。使用蒙特卡洛积分对考虑变量相关性的条件期望 $v(S)$ 进行估计后，即可计算得到 CPI 与 PPI 影响因素 j 在第 t 个时间样本 x_t 上的 SHAP 值 $f(x_t, j)$，即影响因素 j 在 x_t 上的重要性大小。进一步的，CPI 与 PPI 影响因素 j 在整个时间区间上的 SHAP 值序列为 $\{f(x_1, j), f(x_2, j), \cdots, f(x_T, j)\}$，该序列反映了影响因素 j 重要性指数的动态变化。

为了筛选出不同轮次 CPI 与 PPI 背离的主要影响因素，本书得到所有 CPI 与 PPI 潜在影响因素 SHAP 值序列 $\{f(x_1, j), f(x_2, j), \cdots, f(x_T, j)\}_{j=1}^k$ 后，对引起当年 CPI 与 PPI 背离的潜在影响因素分别计算其"重要性权重"，然后按照其影响从大到小进行排序，计算得到了 2006—2022 年多轮 CPI 与 PPI 背离的主要影响因素。具体步骤如图 5-1 所示。

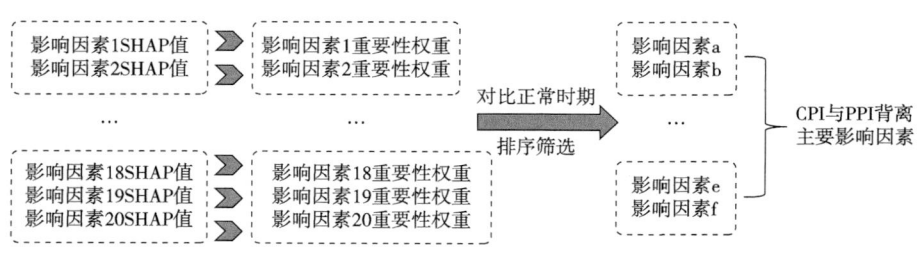

图 5-1 变量筛选流程

第一，计算 CPI 与 PPI 影响因素 j 的 SHAP 值 $f(x_t, j)$。SHAP 值 $f(x_t, j)$ 不仅可以计算出 CPI 与 PPI 影响因素 j 的重要性指数大小，而且可以反映各影响因素对 CPI 与 PPI 影响的方向，即 CPI 与 PPI 影响因素 j 拉高（或拉低）CPI 与 PPI 增速的数值。因此，本书首先计算得到 CPI 与 PPI 影响因素 j 的 SHAP 值。

第二，计算 CPI 与 PPI 影响因素 j 的"重要性权重"。基于 CPI 与 PPI 影响因素的 SHAP 值，可以进一步计算 CPI 与 PPI 各潜在影响因素的"重要性权重"。具体参见下式：

$$\text{某个影响因素对 CPI 与 PPI 背离的重要性权重} = \frac{\text{该影响因素的 SHAP 值}}{\sum \text{每一个影响因素的 SHAP 值}}$$

第三，对所有 CPI 与 PPI 影响因素进行排序。本书将 CPI 与 PPI 各影响因素"重要性权重"从大到小依次排列，得到不同年份 CPI 与 PPI 影响因素的重要性大小排序，排名靠前的影响因素即为 CPI 与 PPI 背离的主要影响因素。

5.4 指标体系与数据说明

由于本书的核心目标是使用机器学习方法识别 CPI 与 PPI 背离的主要影响因素，因此首先需要对 CPI 与 PPI 背离的时间段进行界定，即确定 SHAP 值序列的起止时间点。然后选取两类变量。其一，选取被解释变量 y_t，是识别 CPI 与 PPI 背离主要影响因素的前提条件。其二，选取解释变量 x_t，即构建 CPI 与 PPI 背离潜在影响因素的指标体系。

5.4.1 CPI 与 PPI 背离时期的界定

在第 1 章"研究问题界定"部分已经介绍了本书 CPI 与 PPI 背离的界定思路，即参考倪红福等（2023），将满足 CPI 与 PPI 差值的绝对值大于 2%，且持续时间超过 6 个月以上的情况界定为 CPI 与 PPI 背离[①]。因此，满足上述条件的时期即为"CPI 与 PPI 背离时期"，反之则为"正常时期"。基于本书的界定标准，2011 年以来中国已经发生了四轮 CPI 与 PPI 背离，第一轮 CPI 与 PPI 背离发生于 2011 年至 2016 年，CPI 增速与 PPI 增速呈现反方向变动趋势，持续时间长达四年半。第二轮 CPI 与 PPI 背离发生于 2016 年至 2018 年，具体表现为 PPI 增速快速上升，大幅超过 CPI 增速。第三轮 CPI 与 PPI 背离发生于 2019 年至 2020 年，在此期间 CPI 增速快速上升，但 PPI 呈现通缩的迹象。第四轮背离的时间段为 2021—2022 年，CPI 增速有所回落，但是 PPI 增速快速上涨，二者增速差最高达到-10.6%。

5.4.2 指标体系构建与数据来源

5.4.2.1 被解释变量的选取

在研究 CPI 与 PPI 背离的主要影响因素时，选取恰当的被解释变量是

---

① 如果 CPI 与 PPI 背离只持续一两个月，是偶发性现象，无需过多关注，只有 CPI 与 PPI 长时期背离时才需要重点关注。2011 年以前，PPI 和 CPI 虽在一定时期内出现过背离（如 2008 年），但持续时间比较短，背离幅度比较小。陈建奇（2008）以及桂文林和韩兆洲（2011）分析了 2008 年前后 CPI 和 PPI 之间背离的原因。

识别影响因素的前提条件。已有文献尝试将 CPI 与 PPI 同比增速差值、PPI 偏离 CPI 平均趋势的程度等指标作为被解释变量（赵佳丽等，2018），本书参考侯成琪等（2018）分别将 CPI 与 PPI 两个原始指标作为被解释变量。主要有两个理由。一是如果使用人为构建的新指标进行实证分析，会损失部分有效信息。考虑到 CPI 与 PPI 原始指标反映了其本身的变动趋势以及相应的影响因素，如果通过作差或者作商等数学变换构建新指标，则可能导致部分变动趋势被抵消或平滑，引起识别结果不准确。二是新构建的指标无法将 CPI 与 PPI 进行对比研究。CPI 与 PPI 呈现差异性的变动特征，通过对比 CPI 与 PPI 的识别结果，可以对具体哪个影响因素引起 CPI 与 PPI 背离进行判断，从而更为精准地剖析 CPI 与 PPI 背离的成因（侯成琪等，2018）。有鉴于此，在研究 CPI 与 PPI 背离问题时，本书分别对 CPI 以及 PPI 变动的潜在影响因素进行变量筛选。

5.4.2.2　解释变量的选取

本章第 2 节 "我国 CPI 与 PPI 背离的潜在影响因素分类" 已经阐明，已有研究主要考虑了需求、供给①、债务、流动性、大宗商品、预期和成本六大类因素对 CPI 与 PPI 背离的影响。本书据此并参考陈小亮等（2021b）构建了包含 20 个因素的基准指标体系（见表 5-1）。由于工业产能利用率数据可得性受限，本书将样本时间跨度界定为 2006 年 1 月至 2022 年 12 月②。在实证研究之前，还需要对数据进行几方面预处理。第一，对个别缺失值进行填补。样本期内，投资增速、社会消费品累计增速和工业产能利用率的个别数据缺失，本书采用三次样条法进行插值处理，以补全缺失值。第二，将季度数据转化为月度数据。考虑到本书所选择的大部分指标是月度数据，只有工业产能利用率和各部门杠杆率是季度数据，因此本书采用三次样条插值法将其转化为月度数据。第三，对所有指标进行标准化处理，以消除量纲的影响。经过处理之后，基准指标体系的描述性统计详见表 5-1 后四列。

---

① 借鉴佟家栋和刘竹青（2018）等研究的做法，使用全国商品房住宅销售额与商品房住宅销售面积的比值作为房价的测度指标。

② 国家统计局公布的工业产能利用率从 2006 年开始，为了尽可能延长样本期，本书采用倒序插值法将 2005 年的数据进行了填补。

表 5-1　基准指标体系说明与描述性统计

类别	指标名称	均值	标准差	最小值	最大值
需求侧因素	社会消费品零售总额增速	11.819	7.749	-20.500	33.900
	房地产投资增速	0.163	0.123	-0.180	0.380
	基建投资增速	0.157	0.119	-0.270	0.510
	制造业投资增速	0.171	0.133	-0.320	0.390
	出口增速	11.422	15.912	-22.200	60.400
供给侧因素	产成品库存指数	47.336	1.707	42.900	53.100
	工业产能利用率	0.766	0.025	0.673	0.813
债务因素	居民部门杠杆率	0.326	0.128	0.169	0.597
	非金融企业部门杠杆率	1.292	0.226	0.944	1.657
	中央政府杠杆率	0.162	0.013	0.141	0.196
	地方政府杠杆率	0.168	0.048	0.084	0.245
流动性因素	利率	2.686	0.941	0.940	6.920
	M2 增速	13.896	4.942	8.000	29.740
	房价指数	6 798.088	2 165.314	3 375.410	11 029.540
	人民币实际有效汇率	90.457	11.416	67.150	106.390
大宗商品因素	大宗商品价格	444.341	69.673	307.352	637.964
	国际原油价格	76.748	25.437	18.467	132.718
	天然气价格	4.275	2.056	1.712	12.785
预期与成本因素	通胀预期	65.158	5.850	51.950	81.700
	单位劳动成本	5.798	2.820	1.820	1.221

资料来源：债务数据引自国家金融与发展实验室的国家资产负债表研究中心数据库，国际输入因素数据引自 Wind 数据库，其余数据均引自国家统计局和中经网数据库。

注：为了更加清晰地描述各变量的统计特征，表 5-1 针对未标准化的原始数据进行了展示。

5.5　实证结果分析

5.5.1　不同机器学习方法预测性能评估

表 5-2 列示了不同机器学习方法各预测性能指标的得分情况。从

表 5-2 可以发现，对本书研究而言，非线性方法的预测性能整体而言明显优于线性方法。以 R^2 为例，两种非线性方法的 R^2 基本上都在 80% 以上，而非线性方法的 R^2 则普遍低于 60%。同时，非线性方法下 RMSE、MAE 两个指标的数值明显低于线性方法。进一步的，对两种非线性方法而言，随机森林的表现更胜一筹，XGBoost 略有逊色。有鉴于此，本书以随机森林方法作为变量筛选的底层模型。

表 5-2　不同机器学习方法预测性能对比

方法类型	拟合优度评估指标		
	RMSE	MAE	R^2（%）
LASSO	0.033	0.026	51.013
弹性网	0.030	0.025	51.869
随机森林	0.016	0.012	86.643
XGBoost	0.022	0.014	82.758

5.5.2　主要实证结果

使用本书构建的基准指标体系，对 2006 年 1 月至 2022 年 12 月中国发生的四轮 CPI 与 PPI 背离的潜在影响因素加以筛选。如前所述，这一时间段涵盖了四轮 CPI 与 PPI 背离。本书依据前文界定的 CPI 与 PPI 背离的时间段，对 2006 年 1 月—2022 年 12 月相应的 CPI 与 PPI 背离时期和正常时期进行划分，从动态视角考察 CPI 与 PPI 背离时期和正常时期影响因素的差异性，以及四轮 CPI 与 PPI 背离影响因素的异同点，得到四点主要实证结果。

5.5.2.1　大宗商品价格是 CPI 与 PPI 背离最重要的影响因素

因为在 CPI 与 PPI 背离时期，大宗商品价格因素对 PPI 的重要性全部超过正常时期，并且近期大宗商品价格重要性仍在增强，其重要性权重在 CPI 与 PPI 背离全部影响因素中排名第一位。

作为 PPI 篮子重要的构成要素，大宗商品不仅直接影响 PPI，而且会通过影响其他工业品价格间接影响 PPI，表 5-3 列示了 CPI 与 PPI 背离时期各类大宗商品对 PPI 波动的重要性权重。可以看出，不管是大宗商品总价格指数还是天然气价格，在 CPI 与 PPI 背离时期对 PPI 的贡献率都有明显提高。其中，大宗商品总价格指数在正常时期仅能解释 1.91% 的 PPI 波动，但是在 CPI 与 PPI 背离时期大幅提升到 6.67%、11.78%、17.60% 和 21.97%，其排名也从 16 名跃升至前 7 名，尤其在近期发生的三轮 CPI 与 PPI 背离中更是位列前 3 名。天然气价格所能解释的 PPI 波动也有所提升，从正常时期的 4.34% 上升至 6.55%、7.82%、17.88% 和 5.55%，并且排名从 12 名升至前 8 名。在表 5-3 列示的三类大宗商品价格指标中，CPI 与 PPI 背离时期原油价格对 PPI 的重要性权重是最低的，但是其重要程度在第三、第四轮背离中也有明显提升，在第一、第二轮背离原油价格仅能解释 PPI 波动的 4.45% 和 -1.49%，主要是因为第一轮背离以 PPI 持续通缩为主要特征，而这一时期国际原油价格持续处于高位。第二轮背离时期 PPI 大幅上涨，但是国际原油价格仍处在底部回升阶段，在 2018 年 11 月才达到本轮上行时期的峰值。由此可以看出，在第一、第二轮背离时期，国际原油价格对 PPI 解释力度较弱。但是在第三、第四轮背离期间原油价格的重要性权重已上升至 7.69% 与 5.42%，排名也从 11 位和 15 位升至第 7 位。

表 5-3　各类大宗商品对 PPI 的影响

指标体系	全样本（1）		分样本							
			第一轮（2）		第二轮（3）		第三轮（4）		第四轮（5）	
	贡献率（%）	排名	贡献率（%）	排名	贡献率（%）	排名	贡献率（%）	排名	贡献率（%）	排名
大学商品总价格	1.91	16	6.67	7	11.78	3	17.60	2	21.97	1
国际原油	6.96	6	4.45	11	-1.49	15	7.69	7	5.42	7
天然气	4.34	12	6.55	8	7.82	6	17.88	1	5.55	6

　　注：本表展示了 PPI 潜在影响因素的重要性权重，具体计算步骤如 5.3.2 所示。本书针对上述数值进行了稳健性检验，结果表明变量重要性权重具有稳健性。

表 5-4 进一步列出了全部大宗商品因素在四轮 CPI 与 PPI 背离的相对重要性。从表中可以发现，全部大宗商品因素全样本重要性权重为 3.11%，能够解释的 PPI 波动明显低于供给（7.98%）、流动性（6.87%）等其他四类因素。但是在 CPI 与 PPI 背离时期大宗商品因素重要性权重明显上升，在一、二轮 CPI 与 PPI 背离时期分别能够解释 PPI 波动的 5.62% 和 6.10%，在三、四轮 CPI 与 PPI 背离时期，大宗商品因素能够解释的 PPI 波动上升至 13.50%、10.94%，排名跃升至第一位，远超排名位于第二位的债务因素（8.38%）和流动性因素（7.22%）。上述结果表明，大宗商品价格波动在 CPI 与 PPI 背离期间有更高的重要性权重，而且对不同轮次的 CPI 与 PPI 背离均具有较高的解释力。

表 5-4　四轮背离的 PPI 潜在影响因素及其重要程度　　　　（%）

指标体系	全样本 （1）	分样本			
		第一轮 （2）	第二轮 （3）	第三轮 （4）	第四轮 （5）
需求	5.82	2.83	0.15	4.73	3.32
供给	7.98	5.61	3.55	0.20	1.46
债务	4.53	5.98	9.42	8.38	4.69
流动性	6.87	8.46	9.05	0.48	7.22
大宗商品	3.11	5.62	6.10	13.50	10.94

注：本表展示了 PPI 潜在影响因素的重要性权重，具体计算步骤如 5.3.2 所示。本书针对上述数值进行了稳健性检验，结果表明变量重要性权重具有稳健性。

结合表 5-3 和表 5-4 的结果可以看出，大宗商品价格是 CPI 与 PPI 背离的主要影响因素，这一发现也与近期吴立元等（2020）、许光建和马祎明（2021）等研究结论一致。其主要原因在于大宗商品价格以及 PPI 在背离时期的协同性增强，作为上游工业品生产的重要原料，大宗商品价格波动会带动上游工业品生产商的真实边际成本发生变化，进而导致工业品价格 PPI 大幅波动（侯成琪等，2018）。

图 5-2 回顾了大宗商品的价格变动历史，可以看到：CPI 与 PPI 背离时 PPI 往往呈现较大的波动性，而这一阶段通常伴随着大宗商品价格的周期性波动，由此引起了大宗商品价格在 CPI 与 PPI 背离时期的重要

性权重上升。例如，2011—2016 年大宗商品价格进入下行周期。同时，前期高投入导致我国钢铁、水泥等传统行业产能过剩，进一步拉低了国内工业原材料的价格，导致 PPI 增速在这一时期持续下跌。2017 年，国内和全球经济企稳，同时美元走弱以及 OPEC 达成原油限产协议，大宗商品价格和 PPI 增速触底反弹，进入增长通道。而 2019 年受到贸易战和国内外宏观形势的影响，大宗商品价格再次下跌，同时引发 PPI 持续下行。2021 年受到疫情的影响，主要资源输出国的重要矿产企业产能收缩，大宗商品价格和 PPI 从 2021 年开始持续快速上升。上述分析说明，本书识别结果与现实情况具有高度一致性。

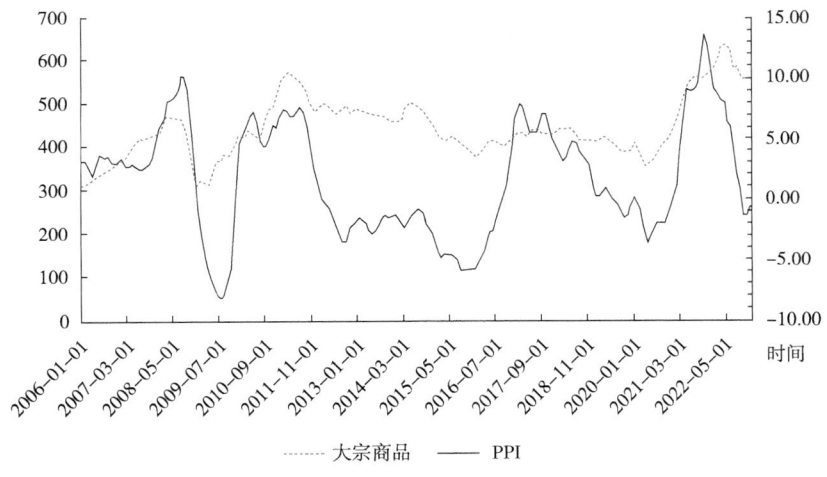

图 5-2　CRB 指数与 PPI 走势

数据来源：PPI 数据来自国家统计局，CRB 指数来自 WIND 数据库。

5.5.2.2　流动性因素、债务因素也是 CPI 与 PPI 背离的重要影响因素

在 CPI 与 PPI 背离时期，流动性因素、债务因素对 PPI 的重要性超过正常时期，尽管其影响近期有所减弱，但仍为 CPI 与 PPI 背离的重要影响因素。

表 5-4 列示了全部流动性因素、全部债务因素在四轮 CPI 与 PPI 背离时期的相对重要性。从表中可以发现，在 CPI 与 PPI 背离时期，流动性因素和债务因素重要性权重高于全样本时期。流动性因素的全样本重要性权重

为 6.87%，明显低于 CPI 与 PPI 背离时期。债务因素的全样本重要性权重为 4.53%，排名为第 4 位，但是在 CPI 与 PPI 背离时期，债务因素的排名升至前 3 位。此外对比一、二轮背离时期与三、四轮背离时期的结果，还可以得到两个重要发现。第一，流动性因素在近期重要性下降。流动性因素在一、二轮背离时期排名均位于前两位，但在三、四轮背离时期排名下降至第 4 位、第 3 位。具体而言，在一、二轮背离时期流动性因素分别能够解释 PPI 波动的 8.46% 和 9.05%，但是在三、四轮背离时期，流动性因素所能解释的 PPI 波动下降到 0.48%[①] 和 7.22%。第二，与流动性因素类似，债务因素在近期重要性下降。债务因素对一、二轮背离时期的影响较大，但是对三、四轮背离时期的影响则有所减弱。表 5-4 显示，在一、二轮背离时期债务因素能够解释 5.98% 和 9.42% 的 PPI 波动，不过在三、四轮背离时期债务因素的重要程度有所下降，能够解释的 PPI 波动分别为 8.38% 和 4.69%。值得注意的是，尽管流动性因素和债务因素在三、四轮背离时期的重要性与前值相比略有下降，但其仍为 CPI 与 PPI 背离的重要影响因素。

表 5-5 进一步列出了四轮 CPI 与 PPI 背离时期不同流动性因素对 PPI 的影响。可以看出，与正常时期相比，数量型货币政策、房价及汇率在 CPI 与 PPI 背离时期对 PPI 波动的重要性权重基本呈现上升趋势，但是对三、四轮 CPI 与 PPI 背离时期的解释力有所下降。其中，M2 在全样本时期能够解释 PPI 波动的 10.40%，但是其重要性权重在三、四轮 CPI 与 PPI 背离时期有所下降，从一、二轮背离的 9.61% 和 12.86% 降至三、四轮背离时期的 -3.32% 和 5.06%，排名也从前 4 位下降至 8 位之后。本书考察的另一个货币政策指标，即利率在全样本时期能够解释 7.95% 的 PPI 波动，在一、二轮背离时期分别能够解释 PPI 波动的 4.34% 和 6.10%，排在全部影响因素的第 11 名和第 8 名，在三、四轮背离时期能够解释的 PPI 波动则降至 -0.44% 和 4.38%，排名也降至第 15 位和第 9 位。除了上述货币政策因素，本书还考察了汇率和房价在 CPI 与 PPI 背离期间的重要性。汇率的全样本重要性权重为 2.83%，排名第 14 位，在三、四轮背离时期的重要

---

① 在 2019 年 5 月—2020 年 11 月第三轮背离期间，流动性因素对 PPI 的影响降至 0.48%，主要是由于当时正处于疫情初步发生阶段，货币政策加大了对经济稳定目标的关注，由于 GDP 与 PPI 都呈现下行趋势，因此流动性因素实质上抑制了 PPI 波动，对 PPI 波动的解释力下降。

性权重有所下降，排名也从一、二轮背离时期的第 3 位和第 5 位下降至三、四轮背离时期的第 9 位和第 2 位。房价的全样本重要性权重为 6.29%，排名第 9 位，在三、四轮背离时期的解释力也同样有所下降，从一、二轮背离时期的 9.97% 和 6.51% 下降至三、四轮背离时期的 0.56% 和 5.85%，排名也从第 2 位和第 7 位下降至第 14 位和第 7 位。需要说明的是，虽然房价因素对 PPI 的影响在三、四轮背离时期有所下降，但是房价仍是 CPI 与 PPI 背离的重要影响因素之一。因为房地产业作为国民经济支柱产业，连接着产业链上下游众多生产及销售部门。所以当房价变动时，房地产开工量在市场机制的作用下自发调节①，对需求量及 PPI 均会产生影响（付云鹏等，2013；梁亚民和韩君，2014）。从上述分析可以看出，房价与 PPI 变动以及 CPI 与 PPI 背离密切相关，因此不应采取强烈的房地产市场紧缩政策来压低住房价格，同时要坚决贯彻"房住不炒"的调控原则，避免房地产价格过快上升。这一举措不仅有助于促进房地产市场平稳健康发展，而且对于稳定物价、降低 CPI 与 PPI 背离程度也具有重要意义。

表 5-5　债务因素与流动性因素对 PPI 的影响

指标体系		全样本（1）		分样本							
				第一轮（2）		第二轮（3）		第三轮（4）		第四轮（5）	
		贡献率（%）	排名	贡献率（%）	排名	贡献率（%）	排名	贡献率（%）	排名	贡献率（%）	排名
债务因素	居民部门杠杆率（DEBTH）	3.96	12	3.58	13	-1.13	15	8.35	6	7.68	3
	企业部门杠杆率（DEBTNFC）	-1.98	18	7.99	6	12.73	4	3.41	11	5.88	6
	中央政府杠杆率（DEBTCG）	7.90	7	1.73	16	-1.05	13	7.09	7	1.90	16
	地方政府杠杆率（DEBTLG）	8.24	5	10.63	1	27.12	1	14.68	2	3.31	13

---

① 例如，工业组织理论提出了利润驱动假说，即如果某一行业的利润水平超过社会的平均水平，就会有新企业进入该行业。当房价上涨时，房地产行业利润率也会随之提升，吸引更多非房地产企业进入房地产行业。

指标体系		全样本（1）		分样本							
				第一轮（2）		第二轮（3）		第三轮（4）		第四轮（5）	
		贡献率（%）	排名	贡献率（%）	排名	贡献率（%）	排名	贡献率（%）	排名	贡献率（%）	排名
流动性因素	货币（R）	7.95	6	4.34	11	6.10	8	-0.44	15	4.38	9
	M2	10.40	3	9.61	4	12.86	3	-3.32	18	5.06	8
	汇率（EXR）	2.83	14	9.93	3	10.73	5	5.12	9	13.60	2
	房价（HOUSE）	6.29	9	9.97	2	6.51	7	0.56	14	5.85	7

注：本表展示了 PPI 潜在影响因素的重要性权重，具体计算步骤如上文第三部分所示。本书针对上述数值进行了稳健性检验，结果表明变量重要性权重具有稳健性。

以上结果表明，流动性因素是 CPI 与 PPI 背离的重要影响因素，李斌（2010）也得出了相同的结论。这主要是由于流动性因素会对市场货币政策预期产生影响，由于部分初级产品具有较强的投资品属性，因此流动性因素推动初级产品价格变化，进而引起 CPI 与 PPI 背离（李斌，2010）。此外，在背离时期 CPI 与 PPI 指标呈现相反的走势，我国央行通常以 CPI 作为货币政策盯住的价格目标（龙少波等，2021），所以货币政策对 CPI 进行逆周期调节时，加剧了背离时期 PPI 的波动。上述原因导致流动性因素在 CPI 与 PPI 背离时期具有较高的重要性。不仅如此，从表 5-5 可以看出，流动性因素在三、四轮背离时期重要性有所下降。近年来针对经济运行的结构性问题，我国采取定向调控新举措，通过定向降准、定向降息等方式，对小微企业、农业等重点领域降低其贷款成本，由于相关领域以消费品生产为主，可以避免流动性大水漫灌引发工业品生产和 PPI 的波动，因而导致 CPI 与 PPI 背离时期流动性因素的影响下降。

表 5-5 还列示了各类债务因素对 CPI 与 PPI 背离的影响，从中可以发现，债务因素对 PPI 的影响在三、四轮背离时期与一、二轮背离时期相比有所减弱，主要是受到企业部门杠杆率、中央政府杠杆率和地方政府杠杆率重要性下降的影响。如前文所述，债务因素在一、二轮背离时期分别能够解释 5.98% 和 9.42% 的 PPI 波动，其中，地方政府杠杆率是最重要的影

响因素，在两轮背离中能够解释的 PPI 波动分别为 10.63% 和 27.12%，并且排名位于第 1 名。但是，债务因素在三、四轮背离时期能够解释的 PPI 波动分别降至 8.38% 和 4.69%，其中，地方政府杠杆率分别能够解释 14.68% 和 3.31% 的 PPI 波动，排名也分别下滑至第 2 位和第 13 位。除了上述地方政府债务因素，企业部门杠杆率和中央政府杠杆率重要性权重也有所下降。其中，企业部门杠杆率从一、二轮背离时期的 7.99% 和 12.73% 下降至三、四轮背离时期的 3.41% 和 5.88%，排名也平均下降了 3.5 个位次。中央政府杠杆率在前后四轮 CPI 与 PPI 背离时期的重要性权重始终相对偏低，排名处于 10 名左右甚至更低的位置。在四个分部门杠杆率中，仅有居民部门杠杆率在三、四轮背离时期的重要性权重有所上升，从一、二轮背离时期的 3.58% 和 -1.13% 上升至三、四轮背离时期的 8.35% 和 7.68%，排名从 10 位之后上升至前 6 位。以上结果表明，我国各部门杠杆率重要性权重高于正常时期，并且杠杆率因素的重要性权重在第三、第四轮背离时期下降。

　　结合表 5-4 和表 5-5 的结果可以看出，杠杆率也是 CPI 与 PPI 背离的重要影响因素。陈小亮等（2021b）发现并论证了杠杆率对通缩的重要性，本书的实证结果进一步表明，在 CPI 与 PPI 背离时期杠杆率具有较高的重要性。这主要是因为 CPI 与 PPI 背离时期公众难以形成稳定的通胀预期，各微观主体会产生提前还贷或展期行为，导致厂商生产活动和 PPI 的波动性上升，进一步引发了杠杆率和 CPI 与 PPI 背离螺旋变动的局面。值得注意的是，在三、四轮 CPI 与 PPI 背离时期杠杆率的重要性有所下降。其原因在于，随着结构性去杠杆政策的持续推进，我国宏观杠杆率稳中有降，尤其是企业部门杠杆率和地方政府杠杆率上涨势头得到较好的控制，因此高杠杆对厂商生产行为以及 PPI 的影响有所减弱。从图 5-3 可以看出，2016 年下半年去杠杆政策实施以来，企业部门、地方政府部门和中央政府部门杠杆率增速明显放缓。另外需要说明的是，虽然宏观杠杆率在 2020 年疫情期间有所上升，但是在后期逐渐保持稳定并恢复缓慢下降趋势①。然

---

　　① 2021 年 3 月国务院常务会议提出的"保持宏观杠杆率基本稳定，政府杠杆率要有所降低"，是对"十四五"规划和 2035 年远景目标提出的"保持宏观杠杆率以稳为主、稳中有降"要求的进一步细化。

而家庭部门杠杆率近年来不断攀升，尤其是考虑到民间借贷，家庭部门杠杆率对 CPI 与 PPI 背离的重要性可能上升程度更大。

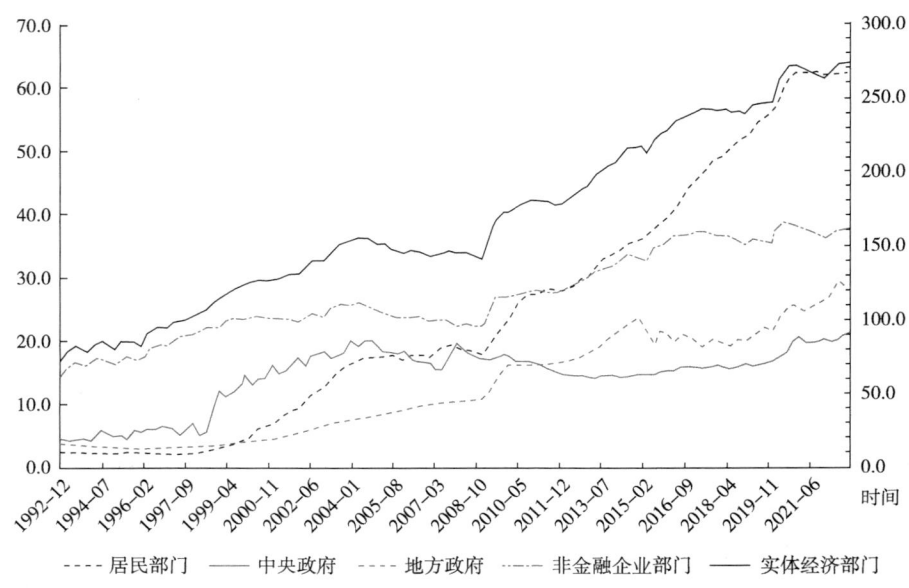

图 5-3　各部门杠杆率走势

数据来源：国家资产负债表研究中心（CNBS）。

5.5.2.3　CPT 与 PPI 背离期间需求侧因素、供给侧因素的重要性低于正常时期

与已有文献得到的结论不同，本书发现在 CPI 与 PPI 背离期间需求侧因素、供给侧因素的重要性低于正常时期。在一、二轮背离时期供给侧因素重要性高于需求侧因素，在三、四轮背离时期需求侧因素重要性高于供给侧因素。

从表 5-4 可以较为直观地看出，需求侧因素和供给侧因素的重要性权重在 CPI 与 PPI 背离时期下降。需求侧因素能够解释全样本时期 PPI 波动的 5.82%，排在第 3 位，但是对于 CPI 与 PPI 背离时期而言，需求侧因素的重要性权重有所下降。同样，供给侧因素的全样本重要性权重为 7.98%，排名为第 1 位，而在 CPI 与 PPI 背离时期重要性权重明显低于全样本时期。此外，从表 5-4 中还可以得到两点重要发现。第一，需求侧因

素重要性在近期有所上升。在一、二轮背离时期分别能够解释 PPI 波动的 2.83% 和 0.15%，在三、四轮背离时期升至 4.73% 和 3.32%。第二，供给侧因素重要性在近期有所下降。在 CPI 与 PPI 背离时期其重要性权重从一、二轮背离时期的 5.61% 和 3.55%，下降至三四轮背离时期的 0.20% 和 1.46%，排名也从第 4 位下降至三、四轮背离时期的第 5 位。

表 5-6 进一步列示了各类需求侧因素对 CPI 与 PPI 背离的影响，可以发现，第一，消费、基建投资和出口在 CPI 与 PPI 背离时期对 PPI 波动的重要性权重都有明显下降。消费在正常时期能够解释 5.57% 的 PPI 波动，但是在 CPI 与 PPI 背离时期下降至 -0.80%、-4.80%、0.24% 与 0.94%，其排名也从第 9 位下降至 15 位及以后。基建投资的重要性权重下降更为明显，从正常时期的 9.37% 下降至 1.49%、3.46%、2.50% 和 3.01%，并且排名从第 2 位下降至 10 位及以后。出口的重要性权重也呈现明显的下降趋势，从正常时期的 8.21% 下降至 0.44%、-2.84%、0.29% 和 -0.96%，排名从第 4 位下降至 14 位至 18 位。第二，房地产投资和制造业投资对 PPI 的重要性权重略有上升。在表 5-6 所列示的五类需求侧指标中，房地产投资和制造业投资正常时期的重要性权重较低，其重要性权重在第三、四轮背离时期中略有提升。这主要是因为 CPI 与 PPI 背离时期企业投资需求存在较大的波动性，进一步传导至物价端对 PPI 产生影响。在上述机制的影响下，房地产投资能够解释的 PPI 波动在正常时期为 0.22%，在 CPI 与 PPI 背离时期上升至 5.90%、3.18%、6.22% 和 2.47%，其排名也从 18 位上升至第 9 位至 14 位。制造业投资的贡献率在正常时期能够解释的 PPI 波动为 1.72%，在 CPI 与 PPI 背离时期上升至 3.13%、2.64%、9.68% 和 5.79%，其排名从 17 位上升至前 13 位。

结合表 5-4 和表 5-6 的结果可以发现，需求侧因素在 CPI 与 PPI 背离时期的重要性权重低于正常时期，意味着与其他三类因素相比，需求侧因素对于 CPI 与 PPI 背离的解释力度明显偏弱。值得注意的是，伍戈和曹红钢（2014）、张明和谢家智（2015）等所述的影响机制依然发挥作用，但是与其他影响因素相比，该机制在 CPI 与 PPI 背离期间效果相对较弱。这主要是因为本书使用非线性机器学习方法能够捕捉到更多变量间非线性关系，而需求侧因素和 CPI 与 PPI 背离之间以线性关系为主，所以在考虑各因素对 CPI 与 PPI 背离的非线性影响之后，需求侧因素的重要性权重下降。考虑到需求侧因素重要性在三、四轮 CPI 与 PPI 背离（波动性背离）时期有所上升，从一、二轮 CPI 与 PPI 背离（持续性背离）时期的第 5 位上升至第 3 位和第 4 位，所以依然要高度重视需求侧因素对 CPI 与 PPI 背离的影响。我国长期表现出投资率过高而居民部门消费率过低的特点，所以要避免需求结构失衡问题引起 PPI 增速下降和农业部门价格上涨，引发潜在的 CPI 与 PPI 背离的压力。

表 5-6　需求侧因素与供给侧因素对 PPI 的影响

指标体系		全样本（1）		分样本							
				第一轮（2）		第二轮（3）		第三轮（4）		第四轮（5）	
		贡献率（%）	排名	贡献率（%）	排名	贡献率（%）	排名	贡献率（%）	排名	贡献率（%）	排名
需求侧因素	消费（C）	5.57	9	-0.80	18	-4.80	18	0.24	15	0.94	16
	房地产（IHOUSE）	0.22	18	5.90	9	3.18	11	6.22	9	2.47	14
	基建投资（IIN）	9.37	2	1.49	15	3.46	10	2.50	11	3.01	12
	制造业（IMAN）	1.72	17	3.13	13	2.64	12	9.68	4	5.79	5
	出口（EX）	8.21	4	0.44	17	-2.84	17	0.29	14	-0.96	18
供给侧因素	库存（PMISTOCK）	7.89	5	0.83	16	-2.18	16	0.38	12	-0.66	17
	工业产能（CAP）	4.29	13	8.39	4	7.46	7	0.04	16	2.69	13

　　注：本表展示了 PPI 潜在影响因素的重要性权重，具体计算步骤如 5.3.2 所示。本书针对上述数值进行了稳健性检验，结果表明变量重要性权重具有稳健性。

　　表 5-6 列示了各类供给侧因素对 CPI 与 PPI 背离的影响。其中，PMI 库存指数的全样本重要性权重为 7.89%，在所有潜在影响因素中排在第 5 位。该指标在一、二轮背离时期能够解释的 PPI 波动仅为 0.83% 和 -2.18%，均排在第 16 位，在三、四轮背离时期能够解释的 PPI 波动分别为 0.38% 和 -0.66%，排名也降至第 12 位和第 17 位。本书考察的另一个供给侧因素，即工业产能利用率的重要性权重也明显下降，其在全样本时期能够解释 PPI 波动的 4.29%，排在第 13 位。在一、二轮背离期间，工业产能利用率的重要性权重分别为 8.39% 和 7.46%，排名均位于前 7 位。在三、四轮背离时期降至 0.04% 和 2.69%，排名也降至 16 位和 13 位。由此可以发现，对于第一、二轮 CPI 与 PPI 背离，产能利用率是较为重要的影响因素。这主要是因为 2008 年全球金融危机时期大规模刺激政策，以及地方政府的干预政策（如政府购买和政府补贴）向大企业、重点企业倾斜，导致我国固定资产投资规模偏高和非周期性的产能过剩。近年来，随着我国工业品逐渐去产能化，产能利用率对于 CPI 与 PPI 背离的重要性进一步下降。以上结果表明，供给侧因素对最近几轮 CPI 与 PPI 背离的影响逐渐减弱，但其在第一、二轮 CPI 与 PPI 背离期间具有较强的重要性。

　　结合表 5-4 和表 5-6 的结果可以发现，供给侧因素在 CPI 与 PPI 背离时期的重要性权重较低，意味着与其他三类因素相比，供给侧因素对于 CPI 与 PPI 背离的解释力度明显偏弱。值得注意的是，赵佳丽等（2018）提出的供给侧因素的作用机制依然成立，但与需求侧因素类似，供给侧因素和 CPI 与 PPI 背离之间以线性关系为主，所以在使用非线性机器学习方法考虑变量间的非线性关系之后，其他三大类因素对 CPI 与 PPI 背离的解释力更强。此外，供给侧因素在一、二轮 CPI 与 PPI 背离时期有更强的重要性，主要是因为受到供给端产能过剩的影响。具体而言，2011—2016 年产能过剩导致上游工业品过度供给和该部门厂商之间的过度竞争，使得上游工业品生产部门的厂商并不具备上调产品价格的竞争优势，是 PPI 持续负增长的重要原因。工业品产能利用率的数据显示，随着供给侧结构性改革的持续推进，产能利用率从 2016 年 3 月的最低值 0.729 上升至 2019 年 12 月 0.775 的水平，我国工业品产能过剩的问题得到了较大程度的缓解。这进一步引起供给侧因素的重要性在第三轮和第四轮 CPI 与 PPI 背离时间下降，其重要性要明显低于第一轮和第二轮背离时间。

5.5.2.4 背离时期 CPI 影响因素重要性的变化

在背离时期，流动性因素对 CPI 的重要性上升，需求侧因素对 CPI 的重要性下降，而其他两类因素对 CPI 的影响无明显变化。

表 5-7 列示了全样本，以及 CPI 与 PPI 背离时期 CPI 的各类潜在影响因素重要性权重，可以得到两点主要结论。第一，流动性因素重要性在 CPI 与 PPI 背离时期上升。流动性因素的全样本重要性权重为 7.06%，低于排名第一位的大宗商品（7.32%）以及第二位的需求侧因素（7.14%）。而在 CPI 与 PPI 背离时期流动性因素平均能够解释 CPI 波动的 8.36%，排名也从正常时期的第 4 位上升至前 3 位。因此，应高度防范流动性变化对 CPI 与 PPI 背离的影响。第二，需求侧因素的重要性权重在 CPI 与 PPI 背离时期明显下降。对于全样本而言，需求侧因素的重要性权重为 7.14%，超过 CPI 与 PPI 背离时期（平均能够解释的 PPI 波动为 6.65%），并且其排名也从第 2 位下降至第 3 至 4 位。

表 5-7　四轮背离的 CPI 潜在影响因素及其重要程度　　　　（%）

指标体系	全样本 （1）	分样本				标准差
		第一轮 （2）	第二轮 （3）	第三轮 （4）	第四轮 （5）	
需求	7.14	6.95	7.05	5.14	7.44	1.03
流动性	7.06	7.31	8.08	12.09	5.95	2.64
预期与成本	7.06	7.02	7.39	7.44	6.56	0.41
大宗商品	7.32	7.32	5.88	3.69	8.62	2.11

注：本表展示了 CPI 潜在影响因素的重要性权重，具体计算步骤如 5.3.2 所示。本书针对上述数值进行了稳健性检验，结果表明变量重要性权重具有稳健性。

本书进一步测度了各类影响因素重要性权重的标准差，发现需求侧因素、流动性因素、预期与成本、大宗商品重要性权重的标准差分别为 1.03%、2.64%、0.41% 和 2.11%，明显小于 PPI 影响因素的标准差。这进一步表明与正常时期相比，CPI 影响因素的重要性权重在 CPI 与 PPI 背离时期没有发生明显变化。因此，在 PPI 与 CPI 的持续背离中，CPI 并非决定因素，决定因素在于 PPI 的大幅波动，这一发现与侯成琪等（2018）的结论一致。

5.6　稳健性检验

为确保基准实证结果的可靠性，本章进行了三方面的稳健性检验，包括定基指数界定 CPI 与 PPI 背离，将被解释变量设定为 CPI 与 PPI 的差值，以及构建扩展指标体系。总体而言，稳健性检验的结果与基准结果相符，进一步加强了研究结论的可信度。

5.6.1　在 CPI 与 PPI 背离界定方面

已有研究通常使用 CPI 与 PPI 同比增速差测度 CPI 与 PPI 背离，而一些前期研究如伍戈和曹红钢（2014）以及侯成琪等（2018），使用 CPI 与 PPI 的定基指数进行测度。为了检验实证结果的稳健性，本书采用 CPI 与 PPI 的定基指数衡量 CPI 与 PPI 背离情况。稳健性检验的结果见表 5-8 和表 5-9。通过将结果与表 5-4 和表 5-7 进行比较，本书发现在指标替换后，本书的主要实证结果依然成立。这表明选用 CPI 与 PPI 的定基指数并没有改变基准实证结果的稳健性。

表 5-8　定基指数界定 CPI 与 PPI 背离之后的 PPI 稳健性检验结果

指标体系	全样本 (1)		分样本							
			第一轮 (2)		第二轮 (3)		第三轮 (4)		第四轮 (5)	
	贡献率 (%)	排名	贡献率 (%)	排名	贡献率 (%)	排名	贡献率 (%)	排名	贡献率 (%)	排名
需求	5.76	3	3.70	5	0.84	5	6.11	3	4.51	4
供给	9.33	1	7.61	2	3.34	4	1.59	4	1.46	5

指标体系	全样本（1）		分样本							
			第一轮（2）		第二轮（3）		第三轮（4）		第四轮（5）	
	贡献率（%）	排名	贡献率（%）	排名	贡献率（%）	排名	贡献率（%）	排名	贡献率（%）	排名
债务	3.41	5	7.40	3	12.91	1	8.81	2	5.62	2
流动性	8.22	2	7.97	1	8.49	2	1.06	5	5.10	3
大宗商品	4.92	4	6.47	4	6.83	3	14.45	1	14.36	1

表 5-9　定基指数界定 CPI 与 PPI 背离之后的 CPI 稳健性检验结果　（%）

指标体系	全样本（1）	分样本				标准差
		第一轮（2）	第二轮（3）	第三轮（4）	第四轮（5）	
需求	7.10	7.10	6.60	5.47	7.19	0.79
流动性	7.04	7.13	7.87	13.63	5.96	3.41
预期与成本	6.98	7.09	9.94	1.75	8.47	3.57
大宗商品	7.26	7.74	5.64	2.26	9.62	3.15

5.6.2　在被解释变量方面

本书将被解释变量设定为 CPI 与 PPI 的差值，稳健性检验的结果见表 5-10。稳健性检验结果与基准结果在绝大多数因素上基本保持一致，除了在考虑预期与成本因素的影响时导致总体排序略有差异外，其他五类因素的相对排序和动态变化保持一致。整体而言，本书的基准结果显示出稳健性。在对预期与成本因素的分析中，基准结果表明预期与成本因素通过影响 CPI，影响全样本以及第一轮和第四轮 CPI 与 PPI 的背离。然而，当将被解释变量设定为 CPI 与 PPI 的差值后发现，预期与成本因素对不同轮次 CPI 与 PPI 的背离都产生了较大影响。这一结果表明，预期与成本因素不仅影响 CPI，还对 PPI 产生重要影响，从而引起 CPI 与 PPI 的背离。因此，预期与成本因素在决定 CPI 与 PPI 背离方面的相对重要性得到加强。换句话说，本书的基准实证结果和稳健性检验结果在本质上并无矛盾，只是在纳入预期与成本因素后，本书发现了这些因素对 CPI 与 PPI 背离的影响更加详细和动态。

表 5-10　被解释变量设定为 CPI 与 PPI 的差值之后的稳健性检验结果

指标体系	全样本(1)		分样本							
			第一轮(2)		第二轮(3)		第三轮(4)		第四轮(5)	
	贡献率(%)	排名	贡献率(%)	排名	贡献率(%)	排名	贡献率(%)	排名	贡献率(%)	排名
需求	5.55	3	2.96	6	-8.20	6	5.03	4	6.88	5
供给	5.58	2	5.78	3	6.31	4	1.79	5	2.76	6
债务	3.76	5	4.32	5	13.21	2	5.17	3	11.47	4
流动性	4.90	6	6.58	2	12.49	3	1.30	6	28.14	2
大宗商品	5.27	4	5.27	4	2.18	5	11.85	1	52.45	1
预期与成本	10.62	1	14.21	1	19.04	1	9.80	2	17.41	3

5.6.3　在扩展指标数量方面

本书构建指标个数更多的扩展指标体系。在基准指标体系中，包括了需求侧、供给侧、流动性、债务、国际输入、预期与成本六大类共 20 个指标。传统模型如 VAR 和 SVAR 通常仅考察 3~6 个变量对 CPI 与 PPI 背离的影响，与传统模型相比本书在模型中纳入了更多的指标。在稳健性检验中，本书进一步增加指标个数，对实证结果是否成立进行检验。具体而言，本书在现有分类的基础上，增加了每类变量包含的指标个数，构建的扩展指标体系如表 5-11 所示。

表 5-11　扩展指标体系的构成与说明

因素类别	指标名称	数据来源
需求侧因素	社会消费品零售总额累计同比增速	中经网
	基础设施建设投资累计同比增速	中经网
	制造业投资累计同比增速	中经网
	房地产投资累计同比增速	中经网
	国企投资累计同比增速	中经网
	私企投资累计同比增速	中经网
	出口额累计同比增速	中经网
	规模以上工业增加值累计同比增速	中经网
	城镇居民人均可支配收入累计同比实际增速	中经网
供给侧因素	产成品库存指数	国家统计局
	原材料库存指数	国家统计局
	工业产能利用率	国家统计局
流动性因素	M1 同比增速	中经网
	M2 同比增速	中经网
	6 个月国债收益率	*Wind*
	1 年期国债收益率	*Wind*
	5 年期国债收益率	*Wind*
	人民币贷款余额增速	*Wind*
	银行业 7 天同业拆借平均加权利率	中经网
	银行间 7 天质押式回购加权利率	*Wind*
	银行间 14 天质押式回购加权利率	*Wind*
	银行间 21 天质押式回购加权利率	*Wind*
	房价同比增速	作者计算
	上证综合指数	中经网
	深证综合指数	中经网
	人民币对欧元汇率中间价	中经网
	人民币对日元汇率中间价	中经网
	人民币对美元汇率中间价	中经网

续表

因素类别	指标名称	数据来源
债务因素	居民部门杠杆率	CNBS
	非金融企业部门杠杆率	CNBS
	中央政府杠杆率	CNBS
	地方政府杠杆率	CNBS
国际输入因素	路透商品研究局指数（CRB 指数）	Wind
	国际原油价格	Wind
	天然气价格	Wind
预期与成本因素	通胀预期	Wind
	单位劳动成本	Wind

注：①新增指标用斜体标注。

②关于汇率，基准指标体系中使用的人民币实际有效汇率，考虑了本国与所有贸易伙伴国家双边汇率的相对变动情况，在扩展指标体系中，本书将其替换为人民币对美元、日元、欧元的汇率，并且不再保留人民币实际有效汇率，以防止出现指标重复的问题。

③为了节省篇幅，正文没有列示扩展指标体系的描述性统计，感兴趣的读者可以向作者索取。

相关稳健性检验结果参见表 5-12、表 5-13，将其与表 5-4、表 5-7 的基准结果进行对比可以发现，在扩展指标体系中实证结果依然成立。第一，大宗商品价格是 CPI 与 PPI 背离最重要的影响因素。在 CPI 与 PPI 背离时期，大宗商品因素对 PPI 的重要性全部超过正常时期，并且近期大宗商品重要性仍在增强，其重要性权重在 CPI 与 PPI 背离全部影响因素中排名第 1 位。第二，流动性因素、债务因素也是 CPI 与 PPI 背离重要的影响因素。在 CPI 与 PPI 背离时期，流动性因素、债务因素对 PPI 的重要性超过正常时期，尽管其影响近期有所减弱，但仍为 CPI 与 PPI 背离重要的影响因素。第三，与已有文献得到的结论不同，本书发现在 CPI 与 PPI 背离期间需求侧因素、供给侧因素的重要性低于正常时期，尤其在近期发生的几轮 CPI 与 PPI 背离，供给侧因素重要性权重排名位于最后。同时，供给侧因素重要性在三、四轮背离时期有所下降，需求侧因素重要性有所上升，且在三、四轮背离时期，需求侧因素重要性明显高于供给侧因素。第四，在背离时期，流动性因素对 CPI 的重要性上升，而需求侧因素对 CPI 的重要性下降，其他两类因素对 CPI 的影响无明显变动。

表 5-12　使用扩展指标体系得到的 PPI 稳健性检验结果

指标体系	全样本（1）		分样本							
			第一轮（2）		第二轮（3）		第三轮（4）		第四轮（5）	
	贡献率（%）	排名	贡献率（%）	排名	贡献率（%）	排名	贡献率（%）	排名	贡献率（%）	排名
需求	5.39	3	3.35	5	1.30	5	5.27	3	3.37	4
供给	11.98	1	5.61	3	4.53	4	1.59	4	2.96	5
债务	4.72	4	6.78	2	12.93	1	8.39	2	3.70	3
流动性	7.06	2	7.96	1	9.90	2	0.46	5	7.68	2
大宗商品	0.41	5	5.49	4	9.71	3	15.27	1	13.15	1

表 5-13　使用扩展指标体系得到的 CPI 稳健性检验结果　　　　（%）

指标体系	全样本（1）	分样本				标准差
		第一轮（2）	第二轮（3）	第三轮（4）	第四轮（5）	
需求	7.20	9.89	9.45	8.82	9.92	0.51
流动性	7.05	10.35	10.27	17.88	8.39	4.20
预期与成本	6.98	10.22	12.89	2.58	11.11	4.55
大宗商品	7.39	9.57	9.24	4.26	12.00	3.25

5.7　主要结论和政策含义

　　理论上 CPI 与 PPI 应该呈现一致的走势，但是 2011 年以来中国已经发生了四轮 CPI 与 PPI 背离。CPI 与 PPI 背离时期货币政策有效性明显下降。通过对包括需求、供给、债务、流动性、国际输入、预期与成本在内的六大类因素进行排序和筛选，本书识别出 CPI 与 PPI 背离最重要的影响因素，从而可以有针对性地对 CPI 与 PPI 背离的风险加以预防。已有文献通常使用 VAR 方法或 DSGE 进行建模，这些方法只能考察相对较少的影响因素。本书将随机森林模型与 SHAP 值可解释性方法相结合，深入分析了各类因素对 CPI 与 PPI 背离的影响。通过使用机器学习方法进行变量选择和参数估计，本书主要得到三点结论。

第一，大宗商品价格是 CPI 与 PPI 背离最重要的影响因素。通过对比不同时期大宗商品重要性权重可以发现，在三、四轮 CPI 与 PPI 背离时期，大宗商品价格能够解释的 PPI 波动上升至 13.50%、10.94%，不仅远高于全样本时期的 3.11%，而且明显高于前两轮背离时期，其重要性权重在 CPI 与 PPI 背离全部影响因素中排名第 1 位。由此可见，在 CPI 与 PPI 背离时期，大宗商品价格对 PPI 的重要性超过正常时期，并且近期大宗商品价格重要性仍在增强。

第二，流动性因素、债务因素也是 CPI 与 PPI 背离重要的影响因素。通过对比不同时期影响因素的重要性权重可以发现，流动性因素在前两轮背离的重要性权重为 8.46% 和 9.05%，明显高于全样本时期的 6.87%。债务因素在前两轮背离的重要性权重为 7.77% 和 10.41%，明显高于全样本时期的 4.53%。由此可见，在 CPI 与 PPI 背离时期，流动性因素、债务因素对 PPI 的重要性超过正常时期，尽管其影响近期有所减弱，但仍为 CPI 与 PPI 背离重要的影响因素。

第三，与已有文献得到的结论不同，本书发现在 CPI 与 PPI 背离期间需求侧因素、供给侧因素的重要性低于正常时期，尤其在近期发生的几轮 CPI 与 PPI 背离，供给侧因素重要性权重排名位于最后。这主要是因为本书使用非线性机器学习方法能够捕捉到更多变量间非线性关系，而需求侧因素和供给侧因素与 CPI、PPI 背离之间以线性关系为主，所以在考虑各因素对 CPI 与 PPI 背离的非线性影响之后，需求侧因素和供给侧因素的重要性权重下降。

有鉴于此，近年来，持续深入推进的结构性货币政策和结构性去杠杆等政策实践，能够较好地应对 CPI 与 PPI 背离。结合本书主要结论，进一步提出相应的政策含义，即在未来如何更好地完善结构性货币政策和结构性去杠杆思路。对于结构性货币政策，应优先支持最需要银行资金的小微企业、房地产等领域。一方面，加快现有结构性货币政策工具落地生效，尤其是针对房地产行业的纾困和支持工具，普惠企业贷款支持工具等。另一方面，还应适度优化退出策略，当结构性工具到期时，央行对其目标完成度进行评估，确定是否按期退出。对于仍有必要支持或需要持续支持的领域，工具到期后央行可以通过存量资金适当展期使用实现"缓退坡"。对于结构性去杠杆，本书发现除了企业部门和政府部门的债务负担之外，家庭部门债务负担也成为 CPI 与 PPI 背离的重要影响因素之一，因此要提高对居民部门债务的关注度，避免居民部门杠杆率过度上升。这既需要充分发挥消费对去杠杆的积极作用，也要通过优化消费结构、增加居民可支配收入等方式从"分母端"去杠杆。同时不断提高金融服务的质量，提高优质金融资产的可获得性，避免家庭资产配置过度依赖房地产，进而从"分子端"推动居民部门去杠杆。

6 大宗商品价格和 CPI 与 PPI 背离：基于上下游垂直生产结构 DSGE 模型的研究

2011 年以来，我国消费者价格指数（CPI）和生产者价格指数（PPI）出现了多次趋势性背离。在第 5 章使用机器学习方法识别 CPI 与 PPI 背离最关键因素的基础上，本章构建新凯恩斯 DSGE 模型分析 CPI 与 PPI 背离的形成机制，再现不同类型的 CPI 与 PPI 背离，并在此基础上进行政策模拟。在新凯恩斯 DSGE 模型中，刻画了三个符合中国国情的特征：上下游垂直生产结构、大宗商品作为上游工业品厂商的生产投入、上下游价格黏性异质性。通过模型的数值模拟实验，本章得到三点发现。第一，大宗商品价格变动是 CPI 与 PPI 背离的重要成因，具体而言，大宗商品价格冲击使 PPI 呈现出较大的波动性，而上下游价格黏性异质性使 PPI 对 CPI 的影响非常有限。第二，本章对比了不同货币政策规则下产出和通胀的波动性，认为除非产出稳定目标在央行福利损失函数中权重很高，否则货币政策盯住大宗商品价格和 CPI 变化率的加权平均值能够有效降低经济波动。需要注意的是，货币政策规则中大宗商品价格的权重设置不应当过高，否则会引起 CPI 波动性以及福利损失的上升。第三，服务深化是产业结构升级的重要表现，由此引致的上游工业品厂商价格黏性上升会对宏观经济以及 CPI 与 PPI 背离形成 "稳定器" 效应。

6.1 概述

物价稳定是我国宏观调控的重要目标之一，是宏观政策制定的重要参考。各国央行在制定货币政策时，通常将物价稳定设定为货币政策重点关注的目标① (范从来, 2010)。如果 CPI 与 PPI 没有发生背离, 货币政策可以同时实现 CPI 与 PPI 双重稳定目标。然而, CPI 与 PPI 背离不仅增加了央行货币政策决策的难度, 而且给市场参与者形成通胀预期带来了扰动②。

从理论和现实情况看, PPI 反映了上游工业品价格, CPI 反映了下游消费品价格, 由于大宗商品是上游工业品厂商的投入品, 所以 PPI 指数与大宗商品价格密切相关, 大宗商品价格变动是 CPI 与 PPI 背离的重要成因 (侯成琪等, 2018; 吴立元等, 2020)。2011 年前后受到美元走强以及页岩油、页岩气革命的影响, CRB 指数在长达四年半的时间持续下行。2016—2018 年 CRB 指数由于受到 OPEC 减产和美元走弱的影响进入上升周期, 并在 2019 年前后开始阶段性下行。2020 年在疫情和俄乌冲突的影响下, CRB 指数快速上行, 与 PPI 呈现显著的同向变动趋势。然而, 如果 PPI 的波动能够有效传导至 CPI, 那么即使大宗商品价格导致 PPI 大幅波动, 也不会产生 CPI 与 PPI 背离的现象。理论上, 在上下游价格能够有效传导的时期, CPI 与 PPI 在产业链上下游正向传导和反馈机制的影响下应该呈现一致性走势。因此 CPI 与 PPI 背离意味着价格变动在上下游产业链之间传导不畅。

然而, 对于 CPI 与 PPI 传导为何会受阻已有文献尚存在分歧。部分文献 (徐臻阳等, 2019; 吴立元等, 2021) 从金融摩擦视角进行了解释, 由于加息时民企 (下游厂商) 融资成本会上升, 而国企 (上游厂商) 预算软约束降低了企业融资成本, 因此导致工业品价格低于消费品价格。相反,

---

① 根据货币数量论的观点, 货币发行量会对物价水平产生直接影响。这不仅体现在货币超发会导致恶性通货膨胀, 而且货币政策突然收紧会导致货币发行量与物价水平下降, 极有可能触发 "通缩—债务" 循环, 使得经济体陷入螺旋下降的通道。因此, 保持物价稳定成为各国央行日常政策的重要目标。

② 就央行货币政策制定而言, 如果 CPI 与 PPI 同向变动, 央行盯住单一的价格指标就可以自动维持多重价格指标在合理范围内波动。这意味着央行可以通过货币政策操作同时实现 CPI 与 PPI 双重稳定目标。而如果 CPI 与 PPI 背离, 那么加大政策力度极易进一步推高过热指标, 而减小政策力度则容易引致经济收缩。央行盯住某个价格指标, 而 "被动" 地放弃另一个价格指标, 无疑加大了货币政策决策的难度。就通胀预期而言, CPI 与 PPI 背离会导致价格信号失真, 因此公众难以准确判断未来物价水平的走势与演变方向。同时, 央行货币政策调控通过其政策目标、政策工具、操作方向和调控幅度等, 对公众的通胀预期产生显著影响, 在这种情况下, 央行货币政策的不确定性增加也会导致通胀预期的不确定性 (刘金全等, 2021)。

降息时由于上游融资能力更强，资金更多流向上游，带动上游企业融资成本和工业品价格下降，因此导致上游价格低于下游价格。龙少波和陈璋（2013）研究了劳动力流动成本对 CPI 与 PPI 背离的影响，劳动力流动成本下降会放大农业部门、工业部门劳动生产率的差异，导致上游工业品价格下降，加大 CPI 与 PPI 背离程度。类似的，张明和谢家智（2015）分析了工业部门投资过多导致工业品难以形成价格上涨压力，同时造成农业部门产能难以提高，从而产生价格上涨压力。尽管上述研究提出了新的视角和洞见，但只解释了 CPI 增速超过 PPI 增速时的 CPI 与 PPI 背离，而没有考虑 2016—2018 年以及 2021—2022 年前后以 PPI 增速大幅超过 CPI 增速为主要特征的 CPI 与 PPI 背离。吴立元等（2020）从劳动力市场摩擦角度研究了 CPI 与 PPI 背离的成因，对两种类型的 CPI 与 PPI 背离进行了解释。当大宗商品价格变动时会带来上游工资水平的变化，由于上下游劳动力市场摩擦的存在，上游劳动力无法自由地向下游流动，上游劳动力成本的变化对下游影响较小，因此劳动力市场摩擦导致 PPI 对 CPI 的影响，甚至 CPI 与 PPI 变动方向相反。但假设下游消费品部门价格黏性小于上游工业品部门，对于上下游价格黏性以及 CPI 与 PPI 背离之间的关系，没有进行更多的理论分析与探讨。值得注意的是，上述结构性摩擦已存在多年，难以解释为什么在 2011 年之后才出现 CPI 与 PPI 背离，因此除上述结构性摩擦外，还存在其他因素引起的 CPI 与 PPI 背离。

本书从产业链价格黏性视角出发，认为上游和下游厂商价格黏性的异质性在 PPI 与 CPI 的双向传导渠道中起到了重要作用，导致二者传导不畅。研究产业链价格黏性异质性的文献较为丰富和成熟，例如，侯成琪和龚六堂（2014）分别对构成我国消费品价格指数八类商品进行测算，计算了各类商品的价格黏性，其中价格黏性最小的商品是食品和居住，价格黏性最大的商品是家庭设备。姜婷凤等（2020）利用来自 100 多个网站的高频价格大数据（囊括 CPI 篮子的 8 大类、46 中类、262 子类的 1 970 多万条日度商品价格），测度中国商品价格黏性程度，发现生活用品及服务大类价格黏性最弱，而居住大类黏性最强。张居营和周可（2019）发现，服务业、工业、农业的部门价格黏性依次递减，而服务业价格主要对消费品价格产生影响，因此下游厂商具有更大的价格黏性。已有文献对上下游厂商的价格黏性进行了较为充分的研究，形成了价格黏性异质性的现实依据，但是鲜有文献在 DSGE 模型中对价格黏性异质性进行充分的刻画。2011 年以来，我国服务业占比快速上升，在 2013 年超过第二产业成为我国第一大产业，由此带来的下游消费品价格黏性上升，以及 CPI 与 PPI 背离之间具有高度一致性。

基于这一逻辑，本书分析了关键变量 PPI 与 CPI 的影响机制。就 PPI 而言，由于大宗商品是工业品的投入要素，因此当大宗商品价格变动时，上游工业品厂商的真实边际成本随之发生变化，进而带动 PPI 同方向变动。下面以大宗商品价格上升为例，分析价格变动在产业链上下游的传导机制。上游工业品部门从市场上购买工业品作为生产投入，如果工业品价格上升，那么随之产生的是工业品部门生产成本上升，因此工业品价格 PPI 上升。在上下游价格黏性不存在异质性的情况下，上游价格会传导至产业链下游，引起下游 CPI 大幅波动。然而，更现实的情况是存在价格黏性异质性，正如本书模型所假设的那样，上游厂商价格黏性比较小，当投入品成本变化时能够及时地调整价格。而下游厂商价格黏性大，相应地会平滑调价行为。所以当受到大宗商品价格正向冲击时，上游厂商频繁的价格调整增加了 PPI 波动率，而下游厂商受到价格调整政策的限制，价格变动较少，因此 PPI 变动对 CPI 的影响非常有限。就 CPI 而言，下游消费品厂商用劳动力与中间品生产最终消费品，CPI 的影响因素包括两个传导渠道。首先，由于大宗商品和劳动都是工业品厂商的投入要素，因此二者之间是互相替代的，大宗商品价格的变动会对劳动的需求量产生影响，进而影响工资水平和总产出。其次，价格黏性的存在会导致生产部门，尤其是消费品生产部门的产出无法充分调整，引致产出缺口的出现，采用泰勒规则的央行则会根据产出缺口进行调整，从而对价格和产出造成进一步影响。

为了佐证这一机制，本书计算了上下游厂商价格波动情况。由于缺少微观价格调查数据，本书采用 2006—2022 年工业生产者出厂价格指数、消费者物价指数作为衡量上下游厂商价格波动情况的指标，通过计算其价格波动的标准差与变异系数（标准差/样本均值），得到工业品价格、消费品价格的标准差分别为 4.66、1.90，变异系数分别为 2.92、0.75，由于标准差与变异系数均代表变量波动的离散程度，其值越大代表该类商品的价格调整程度越大，即价格黏性越小（张居营和周可，2019），因此，可以看到上游工业品价格黏性明显小于下游消费品价格黏性。

本书主要进行了三方面工作。一是在第 5 章以机器学习方法识别出 CPI 与 PPI 背离最关键因素的基础上，建立了一个新凯恩斯 DSGE 模型，并引入上下游垂直生产结构、大宗商品作为生产投入、上下游价格黏性异质性三个符合中国经济特征的设置，通过模型的数值模拟刻画了大宗商品价格冲击对 CPI 与 PPI 背离的影响，以及大宗商品价格冲击对 CPI 与 PPI 背离的传导机制。需要注意的是，第 5 章识别的债务、流动性等其他影响因素也较为重要，但是如果把这些影响因素都纳入模型中会导致模型求解过于复杂，因此本书将大宗商品这个最关键的影响因素纳入模型。二是对比了不同货币政策规则下产出和通胀的波动性，将货币政策仅盯住 CPI 作为基准情况，计算了货币政策盯住大宗商品价格和 CPI 变化率的加权平均值时产出与价格的标准差，以及央行的福利损失函数取值，并与基准情况进行对比，以研究大宗商品价格冲击下，不同货币政策规则稳定经济的效果。三是对产业结构升级如何对经济体产生影响进行了数值模拟，服务深化是产业结构升级的重要表现，引致了上游工业品厂商价格黏性的上升，通过对比产业结构升级前后关键变量的脉冲响应，本书探讨了产业结构升级是否对宏观经济以及 CPI 与 PPI 背离形成"稳定器"效应。

本章的贡献主要集中在两点。第一，在上下游垂直生产结构 DSGE 模型中引入价格黏性异质性，解释了为何 2011 年之后 CPI 与 PPI 背离频发。本章模型的模拟结果表明，大宗商品价格冲击使 PPI 呈现较大的波动性，而上下游价格黏性异质性使 PPI 对 CPI 的影响非常有限。这是已有研究较少涉及的。正向大宗商品价格冲击引致经济体出现 PPI 大幅上涨而 CPI 温和上升的正向背离，而在负向大宗商品价格冲击下 PPI 与 CPI 同向负增长，考虑供给冲击后引致 PPI 持续收缩而 CPI 处于上行周期的反向背离（如 2011—2016 年 CPI 与 PPI 背离），因此为理解 CPI 与 PPI 背离的成因提供了一个新的视角。第二，在理论分析的基础上，本章模拟了货币政策盯住大宗商品价格和 CPI 变动率的加权平均值对产出和价格波动的影响，回答了在 CPI 与 PPI 背离以及上下游价格黏性异质性背景下，为何货币政策规则应当适当增加大宗商品价格的权重，对我国宏观政策制定具有一定的参考意义。

6.2 理论模型构建

上下游厂商都是由垄断竞争厂商和完全竞争的复合商品厂商组成的。本书在新凯恩斯 DSGE 模型中引入三个符合中国经济特征的设置：上下游垂直生产结构、大宗商品作为上游工业品厂商的生产投入、上下游价格黏性异质性。具体而言，模型共包括代表性家庭、上游工业品厂商、下游消费品厂商、央行四个部门。代表性家庭在一定约束条件下选择最优化的消费水平和劳动供给。厂商在市场销售产品，实现利润最大化。其中，上游工业品厂商的投入要素为大宗商品和劳动，生产工业品后将其销售给下游消费品厂商。而下游消费品厂商在市场上购买到工业品后，将工业品和劳动作为投入进行生产，生产消费品后将其销售给代表性家庭。

6.2.1 家庭部门

追求效用最大化的家庭部门选择跨期最优化行为，在预算约束的范围内选择最优的消费水平和劳动供给。家庭部门效用函数的表达式为：

$$\max E_0 \sum_{t=0}^{\infty} \beta^t \left(\frac{C_t^{1-\sigma}}{1-\sigma} - \frac{N_t^{1+\varphi}}{1+\varphi} \right) \tag{6.1}$$

其中，β 为效用贴现因子，C_t 为家庭部门第 t 期的消费水平，N_t 为家庭部门第 t 期的劳动供给，σ 为消费的跨期替代弹性的倒数，φ 为劳动供给 Frisch 弹性的倒数。家庭部门受到的预算约束为：

$$C_t + b_t = w_t N_t + I_{t-1} b_{t-1} / \prod_{ft} + F_t \tag{6.2}$$

其中，b_t 为家庭部门第 t 期购买的无风险债券的实际值；$w_t = W_t / P_{ft}$，为家庭部门的实际工资（本书中实际变量与名义变量均使用价格指数 P_{ft} 进行转换）；I_t 为无风险债券的名义利率；$\prod_{ft} = \dfrac{P_{ft}}{P_{f,\,t-1}}$ 为第 t 期消费品价格水平的变化情况即 CPI 通胀率；P_{ft} 为第 t 期的 CPI 指数；F_t 为上游工业品生产部门和下游消费品生产部门转移给家庭垄断利润的实际值。

求解家庭部门的优化行为可以算出与消费相关的一阶条件：

$$C_t^{-\sigma} = \lambda_t \tag{6.3}$$

算出与劳动相关的一阶条件为：

$$N_t^{\varphi} = C_t^{-\sigma} w_t \tag{6.4}$$

算出与无风险债券实际值相关的一阶条件为：

$$C_t^{-\sigma} = \beta E_t \left\{ C_{t+1}^{-\sigma} I_t \Big/ \prod\nolimits_{f, t+1} \right\} \tag{6.5}$$

家庭的劳动供给在上下游厂商之间进行分配，因此劳动供给 N_t 是工业品生产部门的劳动供给 N_{mt} 和消费品生产部门的劳动供给 N_{ft} 的总和，其中，$N_{mt} = \int_0^1 N_{mt}^i \mathrm{d}i$，$N_{ft} = \int_0^1 N_{ft}^j \mathrm{d}j$。本书参考霍瓦特（Horvath, 2000），可以把家庭部门的劳动供给 N_t 和家庭部门的实际工资 w_t 设定为如下形式：

$$N_t = \left[(\xi_m^N)^{-1/r} (N_{mt})^{(\gamma+1)/r} + (\xi_f^N)^{-1/r} (N_{ft})^{(\gamma+1)/r} \right]^{\gamma/(\gamma+1)} \tag{6.6}$$

$$w_t = \left[\xi_m^N (w_{mt})^{r+1} + \xi_f^N (w_{ft})^{r+1} \right]^{1/(r+1)} \tag{6.7}$$

其中，w_{mt} 代表上游厂商的实际工资，w_{ft} 代表下游厂商的实际工资，ξ_m^N 代表稳态时家庭部门分配至上游劳动供给 的比例，ξ_f^N 代表稳态时家庭部门分配至下游劳动供给 的比例，γ 代表上下游之间劳动供给的替代弹性。下面考虑家庭部门的劳动分配决策，首先家庭部门选择最优的劳动供给 N_t，然后通过将劳动供给在工业品生产部门和消费品生产部门进行分配，实现劳动的最优配置。家庭部门劳动分配的优化行为可以表示为：

$$\max\ w_{mt} N_{mt} + w_{ft} N_{ft} \tag{6.8}$$

$$\text{s. t.}\ \left[(\xi_m^N)^{-1/r} (N_{mt})^{(\gamma+1)/r} + (\xi_f^N)^{-1/r} (N_{ft})^{(\gamma+1)/r} \right]^{r/(\gamma+1)} = N_t \tag{6.9}$$

求解可得一阶条件为：

$$N_{mt} = \xi_m^N \left(\frac{w_{mt}}{w_t} \right)^{\gamma} N_t \tag{6.10}$$

$$N_{ft} = \xi_f^N \left(\frac{w_{ft}}{w_t} \right)^{\gamma} N_t \tag{6.11}$$

联立（6.10）式和（6.11）式可得：

$$\gamma = \frac{\partial N_{mt} / N_{mt}}{\partial w_{mt} / w_{mt}} = \frac{\partial N_{ft} / N_{ft}}{\partial w_{ft} / w_{ft}} \tag{6.12}$$

公式（6.12）的经济学含义为，在其他条件不变的情况下，生产厂商的实际工资增加 1%，则家庭部门对应的劳动供给增加 γ%。即如果消费品厂商的实际工资增加 1%，那么家庭部门在消费品生产部门的劳动供给增加 γ%；同样如果工业品厂商的实际工资增加 1%，那么家庭部门在工业品生产部门的劳动供给增加 γ%。

6.2.2 上游工业品生产部门

6.2.2.1 复合工业品厂商

复合工业品厂商从垄断竞争工业品厂商处购买工业品进行生产。本书假设复合工业品厂商的生产函数为 CES 形式，因此复合工业品厂商的生产函数可以表示为：

$$Y_{mt} = \left(\int_0^1 (Y_{mt}^i)^{(\varepsilon_m - 1)/\varepsilon_m} \mathrm{d}i \right)^{\varepsilon_m/(\varepsilon_m - 1)} \qquad (6.13)$$

其中，ε_m 代表第 i 种工业品（$i \in (0, 1)$）间相互的替代弹性。追求自身利润最大化的复合工业品厂商需要求解最优化的需求 Y_{mt}^i，因此该厂商的利润最大化问题可以表示为：

$$\max_{\{Y_{mt}^i\}} \ P_{mt} Y_{mt} - \int_0^1 P_{mt}^i Y_{mt}^i \mathrm{d}i \qquad (6.14)$$

其中，P_{mt} 代表上游工业品的价格，P_{mt}^i 代表上游厂商购买的垄断竞争工业品的价格。求解复合工业品厂商利润最大化问题，得到第 i 种工业品的需求 Y_{mt}^i 为：

$$Y_{mt}^i = (P_{mt}^i / P_{mt})^{-\varepsilon_m} Y_{mt} \qquad (6.15)$$

将（6.15）式代入复合工业品厂商的常数替代弹性（CES）生产函数，得到 PPI 指数（即复合工业品价格指数）为：

$$P_{mt} = \left(\int_0^1 (P_{mt}^i)^{1-\varepsilon_m} \mathrm{d}i \right)^{1/(1-\varepsilon_m)} \qquad (6.16)$$

6.2.2.2 垄断竞争工业品厂商

第 i 个垄断竞争工业品厂商的投入要素包括从家庭部门购买的劳动投入 N_{mt}^i 和大宗商品投入 CM_t^i。第 i 个垄断竞争工业品厂商的生产函数可以表示为：

$$Y_{mt}^i = \left(N_{mt}^i\right)^{\alpha_m}\left(CM_t^i\right)^{\beta_m} \tag{6.17}$$

其中，$\alpha_m + \beta_m = 1$。N_{mt}^i 为劳动投入，CM_t^i 为大宗商品投入。作为垄断竞争工业品厂商的投入要素，大宗商品投入与劳动投入具有对等关系。考虑到劳动投入的价格表示为实际工资，因此本书将大宗商品名义价格转换为实际价格 $p_{cm,\,t}$。假设 $p_{cm,\,t}$ 是外生的，价格变动过程服从 AR（p）：

$$\hat{p}_{cm,\,t} = \rho_{cm}^1\hat{p}_{cm,\,t-1} + \cdots + \rho_{cm}^p\hat{p}_{cm,\,t-p} + \varepsilon_t^{cm} \tag{6.18}$$

其中，$\hat{p}_{cm,\,t}$ 为大宗商品实际价格相对稳态值的对数偏离；ε_t^{cm} 为大宗商品价格冲击，$\varepsilon_t^{cm} \sim N(0,\,\sigma_{cm}^2)$。

求解垄断竞争工业品厂商的优化行为可以算出一阶条件为：

$$w_{mt} = \alpha_m mc_{mt}\left(N_{mt}^i/CM_t^i\right)^{\alpha_m-1} \tag{6.19}$$

$$p_{cm,\,t} = (1-\alpha_m)\,mc_{mt}\left(N_{mt}^i/CM_t^i\right)^{\alpha_m} \tag{6.20}$$

$$W_{mt}N_{mt}^i/\alpha_m = p_{cm,\,t}CM_t^i/(1-\alpha_m) \tag{6.21}$$

由此可以求解得到工业品生产部门的实际边际成本为：

$$mc_{mt} = \left(\frac{W_{mt}}{\alpha_m}\right)^{\alpha_m}\left(\frac{p_{cm,\,t}}{1-\alpha_m}\right)^{(1-\alpha_m)} \tag{6.22}$$

垄断竞争工业品厂商的定价参考卡尔沃（Calvo，1983）。假设 θ_m 为价格黏性，那么每一期有 $1-\theta_m$ 比例的垄断竞争工业品厂商能够调整价格。θ_m 比例的垄断竞争工业品厂商不能重新调整价格，而是根据 $\prod_{m,\,t-1}$ 确定价格为 $\prod_{m,\,t-1}P_{m,\,t-1}$，其中，$\prod_{m,\,t} = P_{m,\,t}/P_{m,\,t-1}$。考虑到垄断竞争工业品厂商是同质的，所以厂商在重新定价时会制定相同的价格 P_{mt}^i。那么第 t 期工业品生产部门的价格水平（即 PPI）为：

$$P_{mt}^{1-\varepsilon_m} = \theta_m\left(\prod_{m,\,t-1}P_{m,\,t-1}\right)^{1-\varepsilon_m} + (1-\theta_m)\left(P_{mt}^i\right)^{1-\varepsilon_m} \tag{6.23}$$

追求利润最大化的厂商如果在第 t 期能够调整价格，那么垄断竞争工业品厂商 i 的优化问题可以表示为：

$$\max_{P_{mt}^i} E_t\sum_{k=0}^{\infty}(\beta\theta_m)^k\left(\frac{C_{t+k}}{C_t}\right)^{-\sigma}\frac{P_{f,\,t}}{P_{f,\,t+k}}Y_{m,\,t+k}^i\left(P_{mt}^iX_{m,\,t+k} - MC_{m,\,t+k}P_{f,\,t+k}\right)$$

$$\tag{6.24}$$

$$\text{s. t. } Y_{m,\ t+k}^{i} = \left(\frac{P_{mt}^{i} X_{m,\ t+k}}{P_{m,\ t+k}} \right)^{-\varepsilon_m} Y_{m,\ t+k} \qquad (6.25)$$

其中，$Y_{m,\ t+k}$ 为工业品生产部门第 $t+k$ 期总产出。$X_{m,\ t+k}$ 表示工业品价格指数，当 $k \geqslant 1$ 时，$X_{m,\ t+k} = \prod_{m,\ t} \times \prod_{m,\ t+1} \times \cdots \times \prod_{m,\ t+k-1}$；当 $k=0$ 时，$X_{m,\ t+k} = 1$。那么垄断竞争工业品厂商 i 利润最大化问题的一阶条件为：

$$P_{mt}^{*} = \frac{\varepsilon_m}{\varepsilon_m - 1} \frac{E_t \sum_{k=0}^{\infty} (\beta \theta_m)^{k} \left(\frac{C_{t+k}}{C_t} \right)^{-\sigma} \frac{P_{f,\ t}}{P_{f,\ t+k}} P_{f,\ t+k} MC_{m,\ t+k} Y_{m,\ t+k}^{i}}{E_t \sum_{k=0}^{\infty} (\beta \theta_m)^{k} \left(\frac{C_{t+k}}{C_t} \right)^{-\sigma} \frac{P_{f,\ t}}{P_{f,\ t+k}} X_{m,\ t+k} Y_{m,\ t+k}^{i}} \qquad (6.26)$$

6.2.3 下游消费品生产部门

6.2.3.1 复合消费品厂商

复合消费品厂商的优化行为与复合工业品厂商类似。复合消费品厂商从垄断竞争消费品厂商处购买消费品进行生产，本书假设复合消费品厂商的生产函数为 CES 形式，因此复合消费品厂商的生产函数可以表示为：

$$Y_{ft} = \left(\int_0^1 (Y_{ft}^{j})^{(\varepsilon_f - 1)/\varepsilon_f} \mathrm{d}j \right)^{\varepsilon_f/(\varepsilon_f - 1)} \qquad (6.27)$$

其中，ε_f 代表第 j 种消费品（$j \in (0,1)$）间相互的替代弹性。追求自身利润最大化的复合消费品厂商需要求解最优化的需求 Y_{ft}^{j}，因此该厂商的利润最大化问题可以表示为：

$$\max_{\{Y_{ft}^{j}\}} P_{ft} Y_{ft} - \int_0^1 P_{ft}^{j} Y_{ft}^{j} \mathrm{d}j \qquad (6.28)$$

其中，P_{ft} 代表下游消费品价格，P_{ft}^{j} 代表下游厂商购买的垄断竞争消费品的价格。求解复合消费品厂商利润最大化问题，本书求解得到对第 j 种消费品的需求 Y_{ft}^{j} 为：

$$Y_{ft}^{j} = \left(\frac{P_{ft}^{j}}{P_{ft}} \right)^{-\varepsilon_f} Y_{ft} \qquad (6.29)$$

将（6.29）式代入复合消费品厂商的 CES 生产函数，得到 CPI 指数（即复合消费品价格指数）为：

$$P_{ft} = \left(\int_0^1 (P_{ft}^{j})^{1-\varepsilon_f} \mathrm{d}j \right)^{1/(1-\varepsilon_j)} \qquad (6.30)$$

6.2.3.2 垄断竞争消费品厂商

第 j 个垄断竞争消费品厂商的投入要素包括从家庭部门购买的劳动投入 N_{ft}^j，以及从复合工业品厂商处购买的复合工业品 Y_{mt}。第 j 个垄断竞争下游厂商的生产函数形式为：

$$Y_{ft}^j = (N_{ft}^j)^{\alpha_f} (Y_{mt}^j)^{\beta_f} \tag{6.31}$$

其中，$\alpha_f + \beta_f = 1$。N_{ft}^j 为劳动投入，Y_{mt}^j 为复合工业品投入。求解垄断竞争下游厂商的优化行为可以算出一阶条件为：

$$w_{ft} = \alpha_f mc_{ft} (N_{ft}^j / Y_{mt}^j)^{\alpha_f - 1} \tag{6.32}$$

$$P_{mt} = (1 - \alpha_f)(mc_{ft} P_{ft})(N_{ft}^j / Y_{mt}^j)^{\alpha_f} \tag{6.33}$$

$$w_{ft} N_{ft}^j / \alpha_f = P_{mt} Y_{mt}^j / P_{ft}(1 - \alpha_f) \tag{6.34}$$

由此可以求解得到下游厂商的实际边际成本为：

$$mc_{ft} = \left(\frac{W_{ft}}{\alpha_f}\right)^{\alpha_f} \left\{\frac{P_{mt}}{(1 - \alpha_f) P_{ft}}\right\}^{1 - \alpha_f} \tag{6.35}$$

垄断竞争下游厂商的定价参考卡尔沃（Calvo，1983）。假设 θ_f 为价格黏性，那么每期有 $1 - \theta_f$ 比例的垄断竞争消费品厂商能够调整价格。θ_f 比例的垄断竞争消费品厂商不能重新调整价格，而是根据 $\prod_{f,\,t-1}$ 确定价格为 $\prod_{f,\,t-1} P_{f,\,t-1}$。考虑到垄断竞争消费品厂商是同质的，所以厂商在重新定价时会制定相同的价格 P_{ft}^j。那么第 t 期消费品生产部门的价格水平（即 CPI）为：

$$P_{ft} = \left(\theta_f \left(\prod_{f,\,t-1} P_{f,\,t-1}\right)^{1-\varepsilon_f} + (1 - \theta_f)(P_{ft}^j)^{1-\varepsilon_f}\right)^{1/1-\varepsilon_f} \tag{6.36}$$

追求利润最大化的厂商如果在第 t 期能够调整价格，那么垄断竞争下游厂商 j 的优化问题可以表示为：

$$\max_{\{P_{ft}^j\}} E_t \sum_{k=0}^{\infty} (\theta_f \beta)^k (C_{t+k}/C_t)^{-\sigma} \frac{P_{ft}}{P_{f,\,t+k}} Y_{f,\,t+k}^j (P_{ft}^j X_{f,\,t+k} - MC_{f,\,t+k} P_{f,\,t+k}) \tag{6.37}$$

$$\text{s.t. } Y_{f,\,t+k}^j = (P_{ft}^j X_{f,\,t+k} / P_{f,\,t+k})^{-\varepsilon_f} Y_{f,\,t+k} \tag{6.38}$$

其中，$Y_{f,\,t+k}$ 为消费品生产部门第 $t+k$ 期总产出。$X_{f,\,t+k}$ 表示消费品价格指数，当 $k \geq 1$ 时，$X_{f,\,t+k} = \prod_{f,\,t} \times \prod_{f,\,t+1} \times \cdots \times \prod_{f,\,t+k-1}$；当 $k = 0$ 时，

$X_{f,\,t+k} = 1$。那么垄断竞争消费品厂商 j 利润最大问题的一阶条件为：

$$P_{ft}^* = \frac{\varepsilon_f}{\varepsilon_f - 1} \frac{E_t \sum_{k=0}^{\infty} (\beta\theta_m)^k \left(\frac{C_{t+k}}{C_t}\right)^{-\sigma} \frac{P_{f,\,t}}{P_{f,\,t+k}} P_{f,\,t+k} MC_{f,\,t+k} Y_{f,\,t+k}^j}{E_t \sum_{k=0}^{\infty} (\beta\theta_m)^k \left(\frac{C_{t+k}}{C_t}\right)^{-\sigma} \frac{P_{f,\,t}}{P_{f,\,t+k}} X_{f,\,t+k} Y_{f,\,t+k}^j} \tag{6.39}$$

6.2.4　市场出清

本书将生产活动分为工业品生产和消费品生产两个阶段。生产部门增加值等于劳动者实际工资加上营业盈余。因此，上游厂商的增加值为（$P_{mt} Y_{mt}/P_{ft} - W_{mt}N_{mt} - P_{ct}CM_t/P_{ft}) + W_{mt}N_{mt}$，下游厂商的增加值为（$Y_{ft} - P_{mt}Y_{mt}/P_{ft} - W_{ft}N_{ft}) + W_{ft}N_{ft}$，从而 GDP 等于 $Y_{ft} - p_{cm,\,t}CM_t$。为了简化模型，本书的总需求只考虑了消费 C_t，所以 C_t 等于 GDP。

6.2.5　货币政策规则

参考泰勒和克拉里达等（Taylor，1993；Clarida et al.，2000），盯住 GDP 缺口和 CPI 的货币政策规则可以表示为：

$$\hat{i}_t = p_i \hat{i}_{t-1} + (1 - \rho_i)(\phi_y \hat{y}_t + \phi_f \pi_{ft}) \tag{6.40}$$

6.3　参数校准和动态模拟分析

本书首先进行参数校准，然后对理论模型进行数值模拟以清楚分析 CPI 与 PPI 背离的主要机制，在得出基本结论后对主要参数进行稳健性检验。

6.3.1　参数校准

基准的参数校准如表 6-1。参考已有文献的常用设定方法，将家庭的效用贴现因子 β 设为 0.99（Gong et al.，2016；Fujiwarra and Wang，2017），将消费跨期替代弹性的倒数设为 1（Corsetti et al.，2012；Gong et al.，2016），将劳动供给 Frisch 弹性的倒数设为 1（Nakamura and Steinsson，2014）。参考侯成琪等（2018），将工业品生产部门的劳动投入比重

ξ_m^N 设为 0.3，将消费品生产部门的劳动投入比重 ξ_f^N 设为 0.7，将工业品生产部门的价格黏性 θ_m 设为 0.13，而消费品生产部门价格黏性 θ_f 设为 0.38。相对来说，上游工业品厂商比下游消费品厂商的价格调整更为频繁，意味着下游厂商具有更大的价格黏性，因此这个设定与现实情况具有较强的一致性。根据布兰特和罗斯基（Brandt and Rawski，2008）以及宋等（Song et al.，2011）的研究，复合工业品在投入的生产资料中所占比重约为 40%，因此本书将复合工业品在消费品生产中所占份额设定为 0.4，即 $1-\alpha_f = 0.4$，同时本书还计算出 2011—2022 年制造业增加值占 GDP 的比重为 0.38~0.47，平均值为 0.41，与本书设定的结果是一致的。参考已有文献常用做法，本书将大宗商品在工业品生产中所占的份额设定为 0.6，即 $1-\alpha_m = 0.6$，这一数值的设定高于 $1-\alpha_f$，意味着消费品生产对劳动的依赖程度更高。参考侯成琪等（2018）贝叶斯估计的结果，将上下游劳动替代弹性 γ 设定为 1。参考雷文妮和龚六堂（2016）的研究，将工业品替代弹性 ε_m 和消费品替代弹性 ε_f 设为 11，相应的价格加成率为 1%。参考泰勒（Taylor，1993）、加林（Galí，2015）等的研究，将货币政策对 CPI 的反应系数设为 1.5，货币政策对产出缺口的反应系数设为 0.125，利率平滑系数设为 0.59。最后与冲击相关的参数有 ρ_{cm} 和 σ_{cm}，参考刘等（Liu et al.，2014）的研究，本书设定大宗商品价格冲击的持续性参数 ρ_{cm} 为 0.9，冲击的标准差 σ_{cm} 为 0.015 6。这是已有文献关于大宗商品价格冲击的标准设定。

表 6-1　参数拟合值

参数	含义	赋值
β	家庭的效用贴现因子	0.99
σ	消费的跨期替代弹性的倒数	1
φ	劳动供给 Frisch 弹性的倒数	1
θ_m	工业品生产部门的价格黏性指数	0.13
θ_f	消费品生产部门的价格黏性指数	0.38
ξ_m^N	工业品生产部门的劳动投入比重	0.3
ξ_f^N	消费品生产部门的劳动投入比重	0.7
$1-\alpha_f$	复合工业品在消费品生产中所占份额	0.4

续表

参数	含义	赋值
$1 - \alpha_m$	大宗商品在工业品生产中所占份额	0.6
γ	上下游劳动替代弹性	1
ε_m	工业品替代弹性	11
ε_f	消费品替代弹性	11
ρ_i	利率平滑系数	0.59
φ_y	货币政策对 GDP 缺口的反应系数	0.125
φ_f	货币政策对 CPI 的反应系数	1.5
ρ_{cm}	大宗商品冲击的持续性系数	0.9
σ_{cm}	大宗商品冲击的标准差	0.015 6

6.3.2 脉冲响应结果

本书分别考虑了大宗商品价格的正向冲击和负向冲击，以刻画 CPI 与 PPI 的正向背离和反向背离。具体而言，在大宗商品价格的正向冲击下，PPI 大幅上升但是 CPI 仅小幅上升。在工业品供给正向冲击下，PPI 大幅下降但 CPI 小幅上升。

图 6-1 为正向大宗商品价格冲击下关键内生变量的脉冲响应。从图 6-1 可以看出，当大宗商品价格上升时，PPI 迅速上升然后逐渐回落，而 CPI 上升速度较为缓慢，并且与 PPI 相比脉冲响应峰值更低，因此 PPI 与 CPI 之间产生较大的差值。这意味着，在上下游价格黏性异质性的影响下，大宗商品价格冲击对 PPI 产生更大的影响，同时产生了较为明显的 PPI 与 CPI 趋势性背离。

本书模型机制如下：就上游工业品厂商而言，大宗商品是上游工业品部门的投入品，当其价格上升时，工业品部门生产成本上升，因此工业品价格 PPI 上升。同时，大宗商品价格上升会导致大宗商品投入量下降，虽然大宗商品和劳动具有一定替代性（杨中东，2007；鲁成军和周端明，2008），但是大宗商品投入量下降也会降低劳动的边际产出，后者占优从而导致上游工资下降。就下游消费品厂商而言，下游消费品厂商购买工业品进行生产，因此工业品价格上涨，引致下游消费品部门生产成本上升，

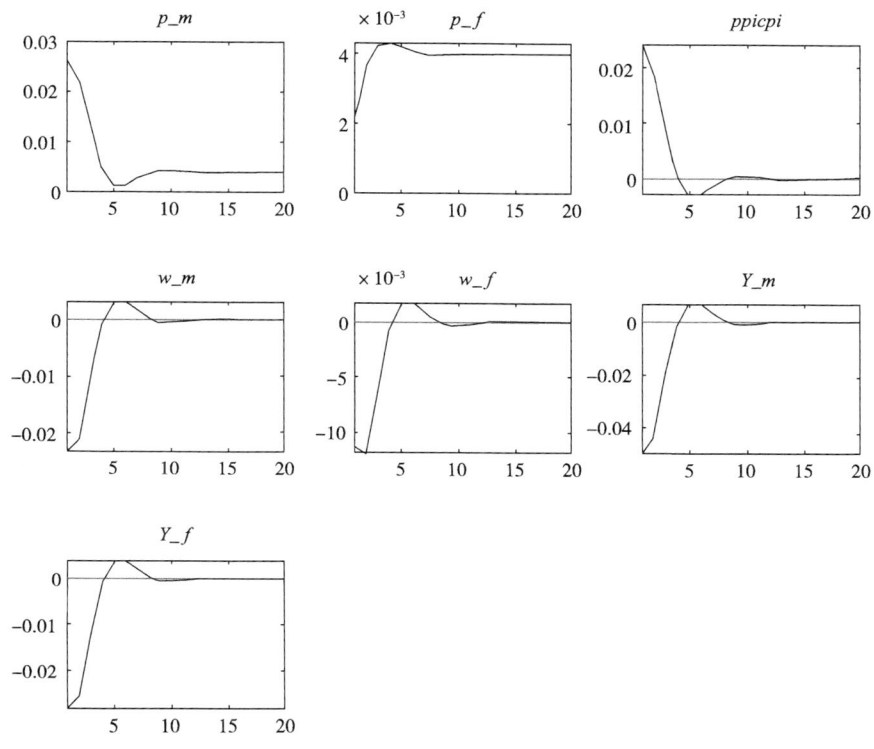

图 6-1　正向大宗商品冲击时各主要变量脉冲响应

从而导致消费品价格 CPI 上升。由于上下游劳动供给具有替代性，所以上游工资下降会导致上游劳动供给减少，同时下游劳动供给增加，进而导致下游工资下降。因为大宗商品价格对工业品价格的影响比对消费品价格的影响更加直接，而且工业品的价格黏性小于消费品的价格黏性，所以工业品价格上升更快、幅度更大，同时上游部门工资下降幅度也大于下游部门。工业品和消费品的价格上升，导致需求下降，工业品部门产出、消费品部门产出以及 GDP 都下降，并且因为 PPI 上升幅度大于 CPI，在此影响下，上游部门产出下降幅度大于下游部门。

　　本书进一步模拟了负向大宗商品价格冲击下关键内生变量的脉冲响应。从图 6-2（a）可以看出，当大宗商品价格下降时，PPI 下降幅度大于 CPI 的下降幅度，进而引发 CPI 与 PPI 背离。同时上游工资上升幅度大于下游工资上升幅度，上游部门产出上升幅度大于下游部门产出上升幅度。

值得注意的是，当仅发生负向大宗商品价格冲击时，PPI 大幅下降，CPI 小幅下降。但是在 2011—2016 年 CPI 与 PPI 背离期间，出现了长达四年半的 PPI 大幅下降而 CPI 小幅上升的情况，结合第 5 章机器学习模型的识别结果，主要是由于工业品产能过剩引起的 PPI 与 CPI 持续性背离。有鉴于此，本书进一步考虑了正向供给冲击对 CPI 与 PPI 背离的影响[①]，图 6-2（b）为正向供给冲击发生时，关键内生变量的脉冲响应。从图 6-2（b）可以看出，当工业品供给增加时，PPI 下降幅度进一步扩大，而此时 CPI 小幅正增长，CPI 与 PPI 背离程度增大。与仅发生负向大宗商品价格冲击相比，上下游工资、产出初始时上升幅度更大，但是回落速度加快，在 3 期后影响逐渐转为 0。

此时模型传导机制如下。就价格水平而言，大宗商品是上游工业品部门的投入品，当其价格下降时，工业品部门生产成本下降，因此工业品价格 PPI 下降。同时，正向供给冲击会导致工业品供过于求，进一步拉低了工业品价格 PPI。由于下游消费品厂商购买工业品进行生产，因此工业品价格下降引致下游消费品部门生产成本下降。但同时，价格黏性异质性的存在使得下游厂商面临更大的价格黏性，所以当上游工业品价格下降时，下游厂商并不能充分调价，所以存在负向的产出缺口。此时考虑到中央银行采用泰勒规则进行决策，扩张型货币政策推高了 CPI，由于后者效应占优所以导致消费品价格 CPI 上升。就工资水平而言，其传导机制与正向大宗商品冲击的情况较为相似。大宗商品价格下降会导致大宗商品投入量上升，虽然大宗商品和劳动具有一定替代性（杨中东，2007；鲁成军和周端明，2008），但是大宗商品投入量上升也会提高劳动的边际产出，后者占优从而导致上游工资上升。由于上下游劳动供给具有替代性，所以上游工资上升会导致上游劳动供给增加，同时下游劳动供给减少，进而导致下游工资上升。就产出水平而言，工业品价格水平下降，导致需求以及工业品部门产出上升，消费品部门产出受到价格水平影响，但同时在扩张性货币政策的影响下产出有所上升，后者占优所以下游部门产出增加，但增加幅

① 负向大宗商品价格冲击类似于正向供给冲击（吴立元等，2020），因此可以用外生供给冲击代替价格冲击（Liu et al.，2014），所以本书使用供给冲击对市场完全出清的情况进行了考虑。

度小于上游部门。

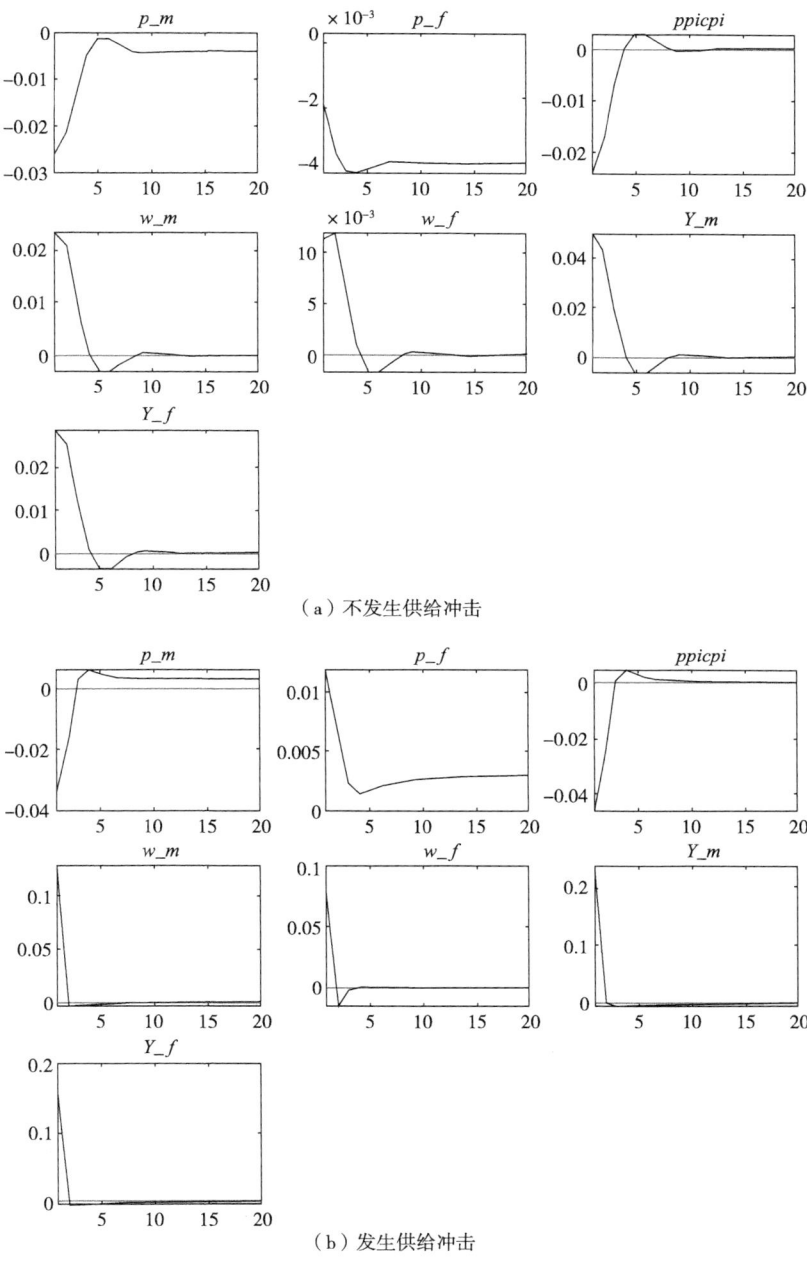

（a）不发生供给冲击

（b）发生供给冲击

图 6-2 负向大宗商品冲击时各主要变量脉冲响应

6.3.3 参数稳健性检验

本书采用校准法确定参数，没有对参数进行贝叶斯估计，主要基于三方面考虑。一是本书在模型中引入上下游价格黏性异质性，而相关数据较为缺乏，因而难以得出比较可信的参数估计。二是本书的主要参数在文献中有大量的研究，可以确定比较可靠的范围。三是如果参数在合理的范围内取值时结论都是稳健的，比估计参数可靠得多。基于以上分析，本书对主要参数进行稳健性检验，尤其是工业品生产部门的价格黏性指数 θ_m，消费品生产部门的价格黏性指数 θ_f，大宗商品在工业品生产中所占的份额 $1 - \alpha_m$，复合工业品在消费品生产中所占的份额 $1 - \alpha_f$ 四个主要参数。本书考虑较大的取值范围，θ_m 取值范围为 $[0.1, 0.3]$，θ_f 取值范围为 $[0.3, 0.6]$，$1 - \alpha_m$ 的取值范围为 $[0.5, 0.7]$，$1 - \alpha_f$ 的取值范围为 $[0.5, 0.7]$。囿于篇幅，本书不再汇报相关参数稳健性检验的结果。结果发现，基准回归的核心结论仍然成立。因此，基准模型得出的结论具有稳健性，即本书提出的机制足以解释 CPI 与 PPI 背离的现象。

6.4 货币政策规则调整的效应分析

货币政策通常盯住产出和 CPI 进行逆周期调节（侯成琪等，2018），但是 CPI 与 PPI 背离时期价格指标呈现趋势性背离，货币政策仅盯住 CPI 无法实现经济稳定目标，反而可能加剧 PPI 等宏观指标的波动。本书将货币政策仅盯住 CPI 作为基准情况，计算了盯住大宗商品价格和 CPI 变化率的加权平均值时的产出与价格标准差[①]，并与基准情况进行对比，以研究大宗商品价格冲击下不同货币政策规则稳定经济的效果。

根据参数校准的结果，盯住大宗商品价格和 CPI 变化率的加权平均值的货币政策规则可以表示为：

---

① 由于本书的模型很难推导出福利损失函数，所以参考侯成琪等（2018）计算产出和价格标准差，通过比较盯住大宗商品价格前后标准差的相对变化、损失函数的相对变化，进而判断盯住 CPI 和大宗商品价格后货币政策稳定经济的效果。

$$\hat{i}_t = 0.585\,9\hat{i}_{t-1} + (1 - 0.585\,9)(0.125\hat{y}_t + \phi_{cm}p_{cm} + 1.5\pi_{ft})$$

其中，ϕ_{cm} 依次取 0、0.1…0.6、0.7，当 ϕ_{cm} 取 0 时表示货币政策盯住 CPI 的基准情况。

表 6-2 展示了货币政策盯住大宗商品价格和 CPI 变化率的加权平均值时，产出和价格标准差的相对变化。从表 6-2 中可以看出，当大宗商品价格权重 ϕ_{cm} 上升时，PPI 和产出的标准差持续下降。而就 CPI 而言，如果大宗商品价格权重低于 0.4，货币政策盯住大宗商品价格和 CPI 变化率的加权平均值会导致 CPI 的标准差下降，但是随着大宗商品价格权重的上升，CPI 的标准差持续增加。这意味着，货币政策盯住大宗商品价格和 CPI 变化率的加权平均值，可以降低价格和产出的波动性，但如果大宗商品价格权重过高，反而会加剧 CPI 的波动。因此，货币政策应当适当增加对大宗商品价格的关注度，并且合理确定大宗商品价格权重的范围。货币政策盯住大宗商品价格和 CPI 变化率的加权平均值，能够促进经济稳定的原因包括两方面。一是价格稳定。在 CPI 与 PPI 背离时期，货币政策仅盯住 CPI 会加剧 PPI 的波动，所以货币政策盯住大宗商品价格和 CPI 变化率的加权平均值，有助于维持 PPI 与 CPI 双重稳定。不仅如此，CPI 与 PPI 背离通常伴随大宗商品价格波动幅度加大，由于上游厂商价格黏性的存在，并且大宗商品是上游工业品厂商的投入品，所以大宗商品变动相较于 PPI 的调整更快，在这种情况下，货币政策提前盯住大宗商品价格有助于促进 PPI 稳定。二是产出稳定。价格波动会引致总需求的波动，因此上下游价格走势平稳也能够促进产出稳定的实现。需要注意的是，在 CPI 与 PPI 背离时期，CPI 与大宗商品价格通常呈现趋势性背离走势，所以如果大宗商品价格权重过高，会导致货币政策对 CPI 的关注度下降，从而引起 CPI 波动性上升。

表 6-2　产出和价格标准差的相对变化　　　　　　　　（%）

	p_m	p_f	y_m	y_f
$\phi_{cm} = 0.1$	-4.24	-48.89	-0.99	-0.34
$\phi_{cm} = 0.2$	-8.40	**-72.14**	-1.96	-0.67

续表

	p_m	p_f	y_m	y_f
$\phi_{cm}=0.3$	−12.45	−32.97	−2.93	−1.01
$\phi_{cm}=0.4$	−16.38	17.31	−3.89	−1.34
$\phi_{cm}=0.5$	−20.18	69.06	−4.83	−1.68
$\phi_{cm}=0.6$	−23.82	121.26	−5.77	−2.01
$\phi_{cm}=0.7$	**−27.29**	173.64	**−6.70**	**−2.34**

注：黑体数值表示大宗商品价格变动时，产出和价格标准差的最小值。

本书比较了仅盯住 CPI 的货币政策、盯住大宗商品价格和 CPI 变化率的加权平均值的货币政策所导致的福利损失，先验设定的损失函数可以表示为：

$$L = w_y \mathrm{var}(y) + (1-w_y)(w_f \mathrm{var}(p_f) + (1-w_f)\mathrm{var}(p_m))$$

其中，$0<w_y<1$，$0<w_f<1$。因为在损失函数中产出、CPI 和 PPI 的具体权重 w_y、w_f 和 $1-w_f$ 是未知的，并且货币政策规则中 ϕ_{cm} 的取值也是未知的，所以本书依次将产出的权重 w_y 设为 0.01、0.05、0.1、0.2、0.3、0.4、0.5、0.6、0.7、0.8、0.9、0.95 和 0.99[①]，然后考虑了 ϕ_{cm} 和 w_f 如下两种情形：一是货币政策规则中大宗商品价格的系数 ϕ_{cm} 设为 0.2，即选取表 6-2 中 CPI 标准差下降幅度最大的情况，然后依次将损失函数中 CPI 的权重 w_f 设为 0.1、0.2、0.3、0.4、0.5、0.6、0.7、0.8 和 0.9。二是损失函数中 CPI 的权重 w_f 设为 0.9，即考虑央行在宏观调控实践中通常更关注 CPI 和产出的走势，所以本书将 PPI 在损失函数中权重设置为最低值 0.1，然后依次将货币政策规则中大宗商品价格的系数 ϕ_{cm} 设为 0.1、0.2、0.3、0.4、0.5、0.6 和 0.7。与上文做法一致，本书计算了货币政策盯住大宗商品价格和 CPI 变化率的加权平均值，相对于基准情形的损失函数取值相对变化，结果分别如表 6-3 和表 6-4 所示。

从表 6-3 可以看出，一般情况下损失函数中 CPI 的权重 w_f 越高，损失函数取值的下降幅度越小，但是当损失函数中产出的权重足够低（$w_y=0.01$）

[①] 设置权重时不仅考虑正常范围内的权重，也考虑了极端小和极端大的权重。

时，损失函数取值的下降幅度随着损失函数中 CPI 的权重 w_f 上升而扩大。此外，损失函数中产出的权重越高，损失函数取值的下降幅度越小。这意味着一般情况下，当福利损失函数中 CPI 的权重越低，或者产出的权重越低，损失函数取值下降幅度越大。也就是说物价稳定目标，尤其是 PPI 稳定目标在福利损失函数中的权重越高，损失函数取值下降幅度越大。从表 6-4 可以发现，当损失函数中产出的权重 w_y 小于 0.1 时，货币政策规则中大宗商品价格的权重 ϕ_{cm} 取 0.5 时，损失函数取值的下降幅度最大，但是当损失函数中产出的权重 w_y 大于 0.1 时，损失函数取值的下降幅度随着货币政策规则中大宗商品价格的权重 ϕ_{cm} 上升而扩大。此外，与表 6-3 结论一致，损失函数中产出的权重 w_y 越低，损失函数取值的下降幅度越大。这意味着，当福利损失函数中产出的权重较低时，货币政策对大宗商品价格的权重不适合设置过高，否则会导致 CPI 波动造成的福利损失增加，引起损失函数下降幅度收敛。而当福利损失函数中产出的权重较高时，货币政策可以适当增加对大宗商品价格的关注，在这种情况下损失函数的取值持续下降。有鉴于此，当物价稳定目标，尤其是 PPI 稳定目标在央行福利损失函数中的权重越高时，货币政策盯住大宗商品价格和 CPI 变化率的加权平均值能够有效降低经济波动，并且减少福利损失。但是需要注意的是，货币政策规则中大宗商品价格的权重设置不应当过高，否则会引起 CPI 波动性以及福利损失的大幅上升。

表 6-3 福利损失函数的相对变化

($\phi_{cm} = 0.2$, %)

w_y	w_f								
	0.1	0.2	0.3	0.4	0.5	0.6	0.7	0.8	0.9
0.01	−15.83	−15.84	−15.85	−15.87	−15.89	−15.92	−15.98	−16.08	*−16.34*
0.05	**−14.70**	−14.59	−14.44	−14.25	−14.00	−13.66	−13.13	−12.26	−10.52
0.1	**−13.41**	−13.18	−12.90	−12.54	−12.09	−11.48	−10.64	−9.39	−7.33
0.2	**−11.16**	−10.79	−10.37	−9.86	−9.25	−8.49	−7.54	−6.30	−4.62
0.3	**−9.26**	−8.85	−8.38	−7.85	−7.24	−6.53	−5.68	−4.66	−3.41

w_y	w_f								
	0.1	0.2	0.3	0.4	0.5	0.6	0.7	0.8	0.9
0.4	**-7.63**	-7.23	-6.79	-6.30	-5.75	-5.13	-4.44	-3.65	-2.73
0.5	**-6.23**	-5.87	-5.48	-5.06	-4.60	-4.10	-3.55	-2.95	-2.29
0.6	**-5.00**	-4.70	-4.38	-4.04	-3.68	-3.30	-2.89	-2.45	-1.99
0.7	**-3.92**	-3.69	-3.45	-3.20	-2.93	-2.66	-2.37	-2.08	-1.76
0.8	**-2.97**	-2.81	-2.65	-2.48	-2.31	-2.14	-1.96	-1.78	-1.59
0.9	**-2.11**	-2.03	-1.95	-1.87	-1.79	-1.71	-1.62	-1.54	-1.45
0.95	**-1.72**	-1.68	-1.64	-1.60	-1.56	-1.52	-1.48	-1.44	-1.40
0.99	**-1.42**	-1.41	-1.40	-1.39	-1.38	-1.38	-1.37	-1.36	-1.35

表 6-4　福利损失函数的相对变化（$w_f = 0.1$, %）

w_y	ϕ_{cm}						
	0.1	0.2	0.3	0.4	0.5	0.6	0.7
0.01	*-9.28*	*-16.34*	*-21.16*	*-23.76*	**-24.13**	*-22.28*	*-18.20*
0.05	-5.94	-10.52	-13.73	-15.58	**-16.06**	-15.18	-12.93
0.1	-4.11	-7.33	-9.65	-11.09	**-11.63**	-11.28	-10.04
0.2	-2.55	-4.62	-6.19	-7.28	-7.87	**-7.97**	-7.59
0.3	-1.86	-3.41	-4.65	-5.58	-6.20	-6.50	**-6.50**
0.4	-1.47	-2.73	-3.78	-4.62	-5.25	-5.67	**-5.88**
0.5	-1.22	-2.29	-3.22	-4.01	-4.64	-5.14	**-5.48**
0.6	-1.04	-1.99	-2.83	-3.58	-4.22	-4.76	**-5.21**
0.7	-0.91	-1.76	-2.54	-3.26	-3.91	-4.49	**-5.00**
0.8	-0.82	-1.59	-2.32	-3.02	-3.67	-4.28	**-4.84**
0.9	-0.74	-1.45	-2.15	-2.82	-3.48	-4.11	**-4.72**
0.95	-0.70	-1.40	-2.07	-2.74	-3.40	-4.04	**-4.67**
0.99	-0.68	-1.35	-2.02	-2.68	-3.34	-3.99	**-4.63**

注：斜体数值表示 ϕ_{cm} 给定时，福利损失函数的最小值；黑体数值表示 w_y 给定时，福利损失函数的最小值。

本书分析了当货币政策盯住大宗商品价格和 CPI 变化率的加权平均值时，关键内生变量对正向大宗商品冲击的脉冲响应情况。从图 6-3 可以看出，当货币政策盯住大宗商品价格和 CPI 变化率的加权平均值时，一个单位大宗商品价格冲击引起的 CPI 与 PPI 背离程度减小，从 0.024 个单位下降到 0.015 个单位，背离程度减小了 37.5%。这主要是因为货币政策规则调整一定程度上减小了工业品价格的波动，当期工业品生产部门价格 PPI 由上升 0.026 个单位到仅上升 0.009 个单位，并逐渐下行至第 6 期时的 -0.007 个单位。而下游消费品价格在货币政策的影响下增速由正转负，CPI 由上升 0.002 个单位到下降 0.003 个单位。这意味着货币政策盯住大宗商品价格和 CPI 变化率的加权平均值时，货币政策会对大宗商品价格正向冲击做出反应而收缩，大宗商品价格正向冲击引起的上游通胀有所缓和，同时上下游价格在货币政策的影响下增速均逐渐放缓，进而导致 CPI 与 PPI 背离程度下降。从部门间工资变化的情况看，大宗商品价格冲击下工业品厂商和消费品厂商工资的下降幅度有所变化，工业品厂商工资由下

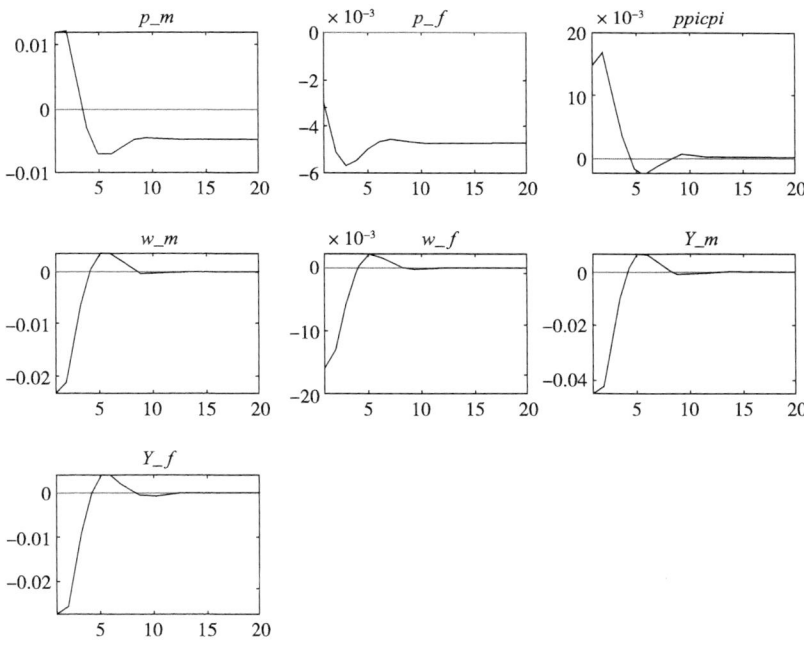

图 6-3　正向大宗商品价格冲击时各主要变量脉冲响应

降 0.029 个单位到下降 0.023 个单位，降幅略有减小，而消费品厂商工资由下降 0.012 个单位到下降 0.016 个单位，降幅略有扩大。从部门间产出变化的情况看，大宗商品价格冲击对经济总产出的负向影响减小，由下降 0.029 个单位到下降 0.028 个单位。这种产出波动的平缓主要因为上游工业品厂商产出下降的幅度变小，上游产出从下降 0.05 个单位到下降 0.046 个单位。由此可见，货币政策规则的调整对实体经济的影响主要体现在工业品价格和消费品价格方面，货币政策盯住大宗商品价格和 CPI 变化率的加权平均值可以缓和上下游价格波动，降低 CPI 与 PPI 背离的程度。

6.5 价格黏性异质性下产业结构升级的 "稳定器" 效应

为了进一步探讨产业结构升级是否会对经济体形成 "稳定器" 效应，本书对上下游价格黏性异质性假设进行了敏感性分析。将上游工业品生产部门和下游消费品生产部门价格黏性分别设定为 $\theta_m = 0.13$、$\theta_f = 0.38$（原始状态）和 $\theta_m = 0.25$、$\theta_f = 0.38$ 两种情况。在第二种情况下，本书增大了上游工业品生产部门的价格黏性，代表一定程度的产业结构升级过程。这主要是因为促进生产性服务业发展，推动先进制造业和现代服务业深度融合，是我国产业结构升级的内在要求。上游生产品厂商在产业结构转型升级过程中会伴随服务深化的现象，所以会增大上游生产品部门价格黏性（张居营和周可，2019；彭刚等，2022），在此条件下得到如图 6-4 所示的脉冲响应。

图 6-4 表示产业结构升级后关键内生变量的脉冲响应情况。可以看出，随着上游工业品生产部门价格黏性的增加，一个单位大宗商品价格冲击引起的 CPI 与 PPI 背离程度减小，从 0.024 个单位下降到 0.018 个单位，背离程度减小了 25%。这主要是因为价格黏性增大使得工业品生产部门价格加成的幅度减小，当期工业品生产部门价格 PPI 由上升 0.026 个单位到仅上升 0.021 个单位，而下游消费品厂商的价格加成幅度有所增加，CPI 由仅上升 0.002 个单位到上升 0.003 个单位，意味着产业结构升级后，大

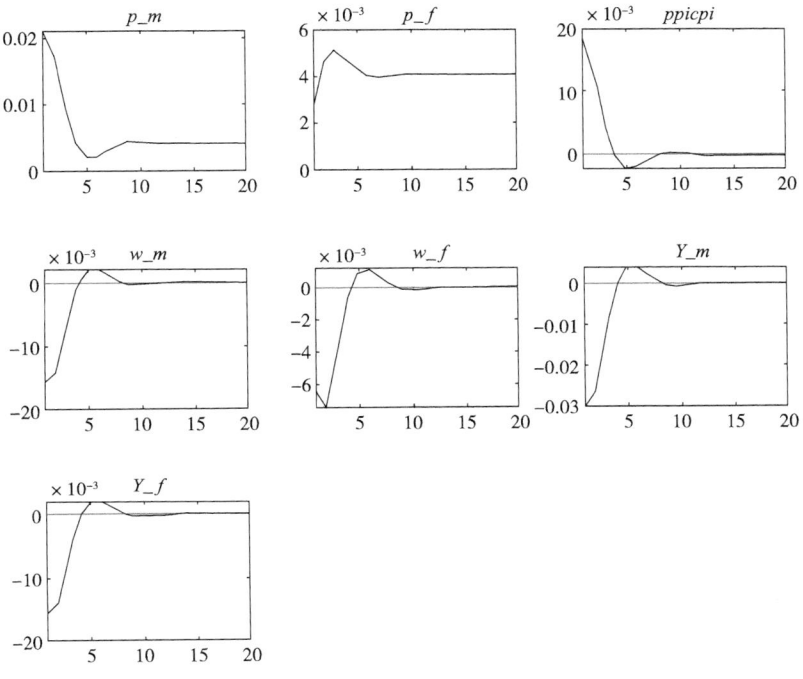

图 6-4　正向大宗商品价格冲击时各主要变量脉冲响应

宗商品价格正向冲击引起的上游通胀有所缓和，而上下游价格之间联动性增强导致下游价格上升幅度增大，进而导致 CPI 与 PPI 背离程度下降。从部门间工资变化的情况看，大宗商品价格冲击下工业品厂商和消费品厂商工资的下降幅度减小，工业品厂商工资由下降 0.029 个单位到下降 0.023 个单位，消费品厂商工资由下降 0.012 个单位到下降 0.006 5 个单位。从部门间产出变化的情况看，大宗商品价格冲击对经济总产出的负向影响减小，由下降 0.029 个单位到下降 0.016 个单位，经济波动幅度减少了 44.7%。这种产出波动的平缓主要因为上游工业品厂商产出下降的幅度变小，上游产出从下降 0.05 个单位到下降 0.03 个单位。由此可见，产业结构升级下的价格黏性异质性程度减小起到了熨平经济波动的作用，可以缓和上下游价格波动，降低 CPI 与 PPI 背离的程度，并且减小产出波动幅度，实现了产业结构升级对经济波动的"稳定器"效应。

6.6 主要结论

2011 年以来，我国 CPI 和 PPI 出现了多次趋势性背离。已有文献主要针对单轮 CPI 与 PPI 背离的成因进行了较为充分的讨论，但是缺少文献将不同类型的背离进行对比分析。为此，本书在第 5 章使用机器学习方法对 CPI 与 PPI 背离的影响因素进行识别，发现大宗商品价格是多轮 CPI 与 PPI 背离最关键的影响因素。在此基础上，第 6 章构建新凯恩斯 DSGE 模型分析了 CPI 与 PPI 背离的形成机制，复制再现正向和负向两种不同类型的 CPI 与 PPI 背离。在新凯恩斯 DSGE 模型中，引入三个符合中国经济特征的设置：上下游垂直生产结构、大宗商品作为生产投入以及上下游价格黏性异质性。通过数值模拟实验，本书有三点发现。

第一，大宗商品价格变动导致 CPI 与 PPI 背离。具体而言，大宗商品是上游工业品厂商的投入品，所以大宗商品价格的冲击使 PPI 呈现较大的波动性，而上下游价格黏性异质性导致 PPI 变动对 CPI 的影响非常有限，因此导致 CPI 与 PPI 背离的发生。

第二，相比于仅盯住 CPI 的货币政策规则，货币政策盯住大宗商品价格和 CPI 变化率的加权平均值能够有效降低经济波动。通过对比不同货币政策规则下产出和通胀的波动性可以发现，损失函数中产出的权重越低，损失函数取值的下降幅度越大。由此可见，除非产出稳定目标在央行福利损失函数中权重很高，否则货币政策盯住大宗商品价格和 CPI 变化率的加权平均值能够有效降低经济波动。但是需要注意的是，货币政策规则中大宗商品价格的权重设置不应当过高，否则会引起 CPI 波动性以及福利损失的上升。

第三，产业结构升级能够有效缓解 CPI 与 PPI 背离。通过对比产业结构升级前后的脉冲响应图可以发现，上游工业品生产部门价格黏性上升后，一单位大宗商品价格冲击引起的 CPI 与 PPI 背离程度减小，从 0.024 个单位下降到 0.018 个单位，背离程度减小了 25%。由此可见，作为产业结构升级的重要表现，服务深化引致的上游工业品厂商价格黏性上升，对宏观经济以及 CPI 与 PPI 背离形成"稳定器"效应。

7 研究结论与政策建议

7.1 研究结论

本书通过系统回顾我国发生的多轮 CPI 与 PPI 背离，发现 2011 年以来我国 CPI 与 PPI 背离频繁发生，背离时间之长、背离程度之大不仅影响居民预期的形成，而且对央行决策产生一定影响。CPI 与 PPI 背离增加了宏观调控的难度，一是"稳增长"目标和 CPI 与 PPI 背离之间存在潜在矛盾；二是 CPI 与 PPI 背离会降低资源配置效率，不利于"稳增长"目标的实现。央行《中国货币政策执行报告》明确指出，物价运行呈现更加复杂的结构性特征，因此厘清 CPI 与 PPI 背离相关问题具有重要意义。

本书围绕 CPI 与 PPI 背离的问题，分别基于状态依存 LP 方法、机器学习方法和 DSGE 模型的分析框架，在充分考虑不同时期 CPI 与 PPI 背离的基础上，试图从新的视角解答三个问题：①CPI 与 PPI 背离时期我国货币政策有效性发生何种变化？②CPI 与 PPI 背离最重要的影响因素是什么？以及通过何种机制引致 CPI 与 PPI 背离？③如何有效应对 CPI 与 PPI 背离？通过各章的理论分析和实证检验，本书主要得到三个结论。

首先，CPI 与 PPI 背离时期货币政策有效性下降，在正常时期货币政策能够有效实现"稳增长"目标，但是在 CPI 与 PPI 背离时期货币政策则难以实现"稳增长"目标，尤其在"稳消费"方面的影响更为突出。近年来，我国货币政策有效性下降，同时 CPI 与 PPI 背离越来越频繁，CPI 与 PPI 背离对货币政策有效性带来的影响不容忽视。本书研究发现，正常时期以及 CPI 与 PPI 背离时期的货币政策效果明显不同。正常时期，宽松的货币政策可以有效促进经济复苏，因此加大货币政策力度能够较好实现

"稳增长"目标。在 CPI 与 PPI 背离时期，宽松货币政策的"稳增长"效果显著弱于正常时期，货币政策的逆周期调节效果明显减弱。这是因为，通胀预期仅受消费类通胀率影响，而不受非消费类通胀率的驱动，因此 CPI 与 PPI 背离会影响公众对未来通货膨胀的看法，导致实际利率下降幅度减小甚至可能会上升。进一步研究表明，CPI 与 PPI 背离时期货币政策"稳消费"有效性减弱程度较大，"稳投资"有效性受到的影响相对有限。这是因为 CPI 与 PPI 背离引起的通胀感知偏差，导致家庭的住房投资需求和财务杠杆下降，在财富效应的影响下可能被动减少消费，减弱了扩张型货币政策对消费的拉动效果。而 CPI 与 PPI 背离虽然会部分抵消货币扩张对投资的正向影响，但抵消效果相对有限。

其次，大宗商品价格是 CPI 与 PPI 背离最重要的影响因素，不仅体现在 CPI 与 PPI 背离时期的大宗商品价格重要性明显超过正常时期，而且近期大宗商品价格重要性不断增强，其重要性权重在 CPI 与 PPI 背离全部影响因素中排名第一位。2011 年以来，我国 CPI 与 PPI 背离现象频繁发生，考虑到 CPI 与 PPI 背离会对宏观政策有效性产生较大影响，因此很有必要筛选出其背后的主要影响因素。已有文献主要使用 VAR 及其拓展模型等传统线性方法展开研究，对变量之间的非线性影响考虑不够全面，而且能够研究的变量个数较少。通过综合使用随机森林等机器学习方法以及 SHAP 值可解释性方法，本书发现，大宗商品价格是 CPI 与 PPI 背离最重要的影响因素；流动性因素、债务因素也是 CPI 与 PPI 背离重要的影响因素；与已有文献得到的结论不同，本书发现在 CPI 与 PPI 背离期间需求侧因素、供给侧因素的重要性低于正常时期。有鉴于此，本书认为中央正在推进的结构性去杠杆和预期管理等政策实践，对于 2011 年以来频繁发生的 CPI 与 PPI 背离具有很好的针对性，未来应该加强两类措施以防范债务和流动性等因素再度触发 CPI 与 PPI 背离风险。

最后，除非产出稳定目标在央行福利损失函数中权重很高，否则货币政策盯住大宗商品价格和 CPI 变化率的加权平均值有助于降低经济波动。此外，服务深化也可以对宏观经济以及 CPI 与 PPI 背离形成"稳定器"效应。2011 年以来，我国 CPI 和 PPI 出现了多次趋势性背离。已有文献主要针对单轮 CPI 与 PPI 背离的成因进行了较为充分的讨论，但是缺少文献将不同类型的背离进行对比分析。通过模型的数值模拟实验，本书发现，第一，大宗商品价格变动是 CPI 与 PPI 背离的重要成因。具体而言，大宗商品价格冲击使 PPI 呈现较大的波动性，而上下游价格黏性异质性使 PPI 对 CPI 的影响非常有限。第二，本书对比了不同货币政策规则下产出和通胀的波动性，认为除非产出稳定目标在央行福利损失函数中权重很高，否则货币政策盯住大宗商品价格和 CPI 变化率的加权平均值能够有效降低经济波动。但是需要注意的是，货币政策规则中大宗商品价格的权重设置不应当过高，否则会引起 CPI 波动性以及福利损失的上升。第三，服务深化是产业结构升级的重要表现，由此引致的上游工业品厂商价格黏性上升会对宏观经济以及 CPI 与 PPI 背离形成"稳定器"效应。

7.2　政策建议

CPI 与 PPI 背离问题的解决需要引起决策层和社会各界的高度关注。当 CPI 与 PPI 背离发生时，不仅货币政策应保持合理定位，而且应加强预期管理、结构政策等宏观调控举措的协调配合，增强宏观政策取向一致性，长短期政策相结合，打通 CPI 与 PPI 背离的堵点。基于本书得到的结论，结合我国经济的现实情况，提出五点政策建议。

7.2.1　CPI 与 PPI 背离需要引起高度关注

要高度关注 CPI 与 PPI 背离问题，在 CPI 与 PPI 背离时期不仅货币政策面临决策的"两难"，而且货币政策有效性下降。因此要减少 CPI 与 PPI 背离发生的概率，而当 CPI 与 PPI 背离发生时要尽可能减少背离持续的时间。

本书研究结果表明，在 CPI 与 PPI 背离时期货币政策有效性下降，货币政策难以有效传导至实体经济，此时央行加大货币政策力度也较难实现"稳增长"目标。不仅如此，"稳增长"目标和 CPI 与 PPI 背离之间存在潜在矛盾。CPI 与 PPI 背离时期多个宏观指标持续分化，导致宏观政策取向一致性的实现难度加大，而且货币政策适当发力"稳增长"时，会增加本就已经高企的价格指标的波动，因此货币政策"稳增长"力度会受到 CPI

与 PPI 背离的约束，导致央行货币政策制定陷入"两难"。有鉴于此，在全球经济增长放缓的背景下，为了疏通货币政策传导机制，同时避免货币政策陷入"两难"境地，要减少 CPI 与 PPI 背离发生的概率，而当 CPI 与 PPI 背离发生时要尽可能减少背离持续的时间。

7.2.2 CPI 与 PPI 背离时期货币政策目标如何优化

货币政策应该盯住大宗商品价格和 CPI 变化率的加权平均值，但要注意保持大宗商品价格在货币政策规则中的合理权重，不能因此而忽视 CPI 变动。当前，世界各主要央行均以 CPI 为盯住目标，而对大宗商品价格的关注较少。CPI 的确反映了居民直接面临的生活成本，但大宗商品价格是 CPI 与 PPI 变动的关键影响因素，本书的研究结果表明，大宗商品价格是 CPI 与 PPI 背离最重要的影响因素，大宗商品价格的重要性权重，不仅在 CPI 与 PPI 背离时期明显高于正常时期，而且近期重要性权重仍在增强，其重要性权重在 CPI 与 PPI 背离全部影响因素中排名第一位。同时大宗商品价格是物价水平的先行指标，因此对于判断经济运行情况具有同样重要的意义。尤其是在中国存在上下游价格黏性异质性的情况下，CPI 的变动并不能准确反映经济总需求状况，而是部分由资源配置不当因素推动，因此更不能忽视大宗商品价格对经济的重要信号作用。

需要说明的是，增加对大宗商品价格的关注，并不意味着因此而忽视 CPI 的变动，而是要不断探索大宗商品价格在货币政策规则中的合理权重。在 CPI 与 PPI 背离时期由于价格指标出现分化走势，货币政策陷入"两难"境地，本书结合 CPI 与 PPI 背离的不同类型，具体讨论了不同情形下的货币政策操作。一是当大宗商品价格上涨引起 CPI 与 PPI 正向背离时，CPI 温和增长而 PPI 大幅上涨，应避免使用扩张型货币政策刺激经济，尤其是要杜绝大水漫灌。二是当大宗商品价格下降引起 CPI 与 PPI 反向背离时，CPI 处于上升区间而 PPI 负增长，应避免使用收缩型货币政策。总体而言，当 CPI 与 PPI 背离时，货币政策应当避免引发仅盯住 CPI 而加剧 PPI 波动的情况。

7.2.3　CPI 与 PPI 背离时期预期管理如何优化

当 CPI 与 PPI 背离发生时应加强预期管理，在完善预期管理框架的基础上，进一步优化沟通策略，从而能够稳定通胀预期。

宏观经济指标的分化在全球经济体中并不罕见。20 世纪 70 年代，许多发达经济体出现了经济停滞与通货膨胀并存的"滞涨"现象，美联储主席沃尔克坚持从紧的货币政策，保持货币供应量的稳定，从而稳定了市场预期，促进通胀率下降和经济复苏。由此可以看出，稳定的通胀预期在提升货币政策效率方面发挥了关键作用。值得注意的是，CPI 与 PPI 背离时期与"滞涨"时期均产生了宏观调控目标增多的问题，"滞涨"可以视为物价指标与经济增速指标的分化，而 CPI 与 PPI 背离则为生产者价格指数与消费者价格指数的分化，在分化时期仅依靠货币政策无法完成多重目标的调控。同时本书的研究结果表明，CPI 与 PPI 背离会对通胀预期产生较大影响，进而降低了背离时期货币政策有效性。因此在 CPI 与 PPI 背离时期，需要重视将货币政策与其他政策工具结合使用，加强央行预期管理，提高货币政策调控效率。

当前，我国央行预期管理的框架已初步成型。中国人民银行通过定期发布信息和不定期政策沟通的协调配合，能够以更全面和灵活的方式传达政策信息，从而更好地管理和引导市场预期。央行通过官方网站、货币政策委员会例会、媒体沟通会、专家沟通会等媒介或渠道，向市场传导相对明确的利率信号，针对利率波动异常及时进行释疑，合理引导市场预期变化。

未来在继续完善预期管理框架的同时，更应该进一步优化沟通策略。一是增强预期管理的公信力。无论是何种货币政策预期管理实践方式，央行都要尽力保证预期管理操作或引导的事前事后言行一致，通过事后货币政策实践操作与事前政策沟通的协同一致，增强预期管理的公信力和政策承诺功效，避免加剧物价指标的波动。二是央行应加强对市场预期的监测。我国的宏观金融指标中对预期的统计指标较少，这不利于央行实施有效的预期管理。央行有必要进一步完善对市场预期的测度，加大对市场预期的监测，从而科学、准确、动态地评估预期管理效果进而保证预期管理的有效性。

7.2.4　CPI 与 PPI 背离时期结构政策如何优化

CPI 与 PPI 背离反映了中国经济的结构性特征,在短期可以用货币政策调控和预期管理的方式稳定物价,从中长期看,结构政策尤为重要。结构政策要着力优化总需求结构和产业结构,缓解资源配置失衡,从而更有效地应对 CPI 与 PPI 背离。

不仅要正确理解 CPI 与 PPI 背离的典型现象,更要重视这个现象反映的中国经济的结构性特征。根据本书研究结论可知,CPI 与 PPI 背离体现的经济结构性特征包括两个方面。一是 CPI 与 PPI 背离对消费产生更大的抑制效果,加剧总需求结构失衡。二是近年来产业结构转型升级引起的服务业在国民经济中占比上升,以及由此带来的下游厂商价格黏性增加,引发上下游价格黏性的异质性,并成为 CPI 与 PPI 背离的重要结构性因素。当面临大宗商品价格冲击等外生冲击时,政策应对要充分考虑中国经济的特征,防止出现资源配置的无效、失衡。

在总需求结构优化方面,应从收入与支出两端共同发力提振消费,有效化解 CPI 与 PPI 背离对总需求结构的扭曲。具体说,一方面,通过全面落实减税降费等举措提高居民收入,尤其是要提高中等收入群体的可支配收入,释放居民消费活力。另一方面,健全社会保障体系,加快推进教育、医疗、养老、住房等方面的体制机制改革,降低居民消费性储蓄,为消费创造出更多的空间。综合以上两个方面,提高居民收入与健全社会保障体系能够从收入端和支出端着手提升居民消费,从而优化总需求结构,避免 CPI 与 PPI 背离引起的总需求结构扭曲进一步加剧宏观经济的失衡局面。

在产业结构优化方面,促进各产业实现协调发展,降低上下游厂商间价格黏性的异质性。在保证第一产业基础地位前提下,优化第二、第三产业,推进产业结构进一步升级,以增强部门间价格黏性的异质性"熨平"效应,从而有效平抑外生不确定冲击下经济的过度波动。在此基础上,发展生产性服务业,推进制造业与服务业深度融合发展,共同促进经济高效率、高质量增长,并增强经济应对风险的韧性。由此,在政策制定和实施过程中要注重产业结构升级的经济稳定器作用，改善市场价格调节机制，促进产业结构升级并统筹部门间的异质特征，以实现产业结构优化的良性互动，保持产业间均衡发展态势，提升经济增长质量并增强风险抵御能力。

7.2.5 PCI 与 PPI 背离时期如何加强政策协调配合

化解 CPI 与 PPI 背离需要多项经济政策协调配合，各政策在政策力度、政策期限等方面存在一定的矛盾冲突，因此应该增强宏观政策取向一致性，多措并举形成政策合力。

CPI 与 PPI 背离成因复杂，需要多项政策协同发力解决，因此应将各类政策纳入宏观政策取向一致性评估，全面精准分析系列政策的叠加效应，形成政策合力，切实防范"合成谬误"。

第一，加强传统货币政策与央行预期管理的协调配合。在传统货币政策有效性下降的时期，央行应采取积极的沟通予以配合，改善货币政策的整体效果。预期管理是在传统货币政策有效性不足背景下的一种货币政策创新。尤其是在 CPI 与 PPI 背离时期，价格指标的分化会影响公众通胀预期的形成，由此产生的预期和决策不仅会抵消宽松货币政策的效果，而且可能加大经济下行压力。因此，预期管理是对传统货币政策的有益补充，在传统货币政策工具操作的同时要配合积极的预期管理，避免市场误判。

第二，加强长短期政策的协调配合。应对 CPI 与 PPI 背离的宏观调控创新举措，既包括传统货币政策、预期管理等对经济进行短期调控的政策，也包括总需求结构与产业结构优化等对经济进行长期调控的新思路。但是如果缺少整体逻辑，各类创新举措不仅难以真正涵盖短期与长期调控，而且会增加经济政策的不确定性，从而削弱调控效果。在总需求结构与产业结构优化政策的推进过程中，要明确其锚定的核心目标是长期目标，即在长期中优化经济结构。不仅如此，还要明确结构优化政策会给短期目标带来冲击，既包括加大经济下行压力和就业压力等经济不稳定问题，也包括提高不良贷款率和债券违约率等金融不稳定问题，从而防止货币政策等短期逆周期调节政策的力度不足。

7.3　未来研究的方向

　　本书分别研究了货币政策规则调整和产业结构升级对 CPI 与 PPI 背离的影响，而没有考虑货币政策和产业结构政策之间的协调配合，以及结构性货币政策对 CPI 与 PPI 背离的影响。就政策协调而言，正如本书在政策建议部分所述，解决 CPI 与 PPI 背离问题还需要各政策协同发力、形成合力。例如，20 世纪 70 年代的停滞性通货膨胀时期，美联储货币政策陷入类似的"两难"情形，采取了货币政策、预期管理和结构性减税等协调配合的政策组合拳。不仅如此，结构政策在短期内会引发经济下行压力，所以需要货币政策加以配合，在优化经济结构的同时，进一步实现短期经济稳定目标。因此，在增强宏观政策取向一致性的背景下，研究货币政策与结构政策协调配合，对于应对 CPI 与 PPI 背离具有重要意义。就结构性货币政策而言，近年来使用具有精准性和直达性的结构性政策工具越来越频繁。这种新型工具不同于传统的总量货币政策，并且结构性货币政策工具的使用背景与价格指数密切相关。由此可以看出，两个方面是未来值得进一步研究的方向。

　　另外，本书在宏观定量模型中刻画了厂商的价格黏性异质性，而假设家庭部门是同质的，而现实中不同家庭部门在借贷行为等方面存在差异。根据家庭信贷的借入借出情况，既存在无信贷约束的借出家庭，也存在有信贷约束的借入家庭。家庭部门加杠杆会通过金融化趋势增强、企业"僵尸化"程度加深等渠道加剧物价水平的波动，导致 CPI 与 PPI 背离。因此，未来可以在模型中进一步刻画家庭部门异质性借贷行为。但也要注意到，家庭部门异质性因素的引入会让模型求解更为复杂，相关问题也需要进一步论证和突破。

参考文献

［1］苍玉权，赵彦勇，林金官．基于带跳时变系数模型的 PPI 与 CPI 相关性研究［J］．统计研究，2019，36（2）：101-111.

［2］陈海龙．货币政策、物价波动与房地产投资的联动关系：基于 VAR 模型的实证研究［J］．建筑经济，2020，41（5）：9-14.

［3］陈小亮，刘玲君，肖争艳，等．生产部门通缩与全局性通缩影响因素的差异性研究：机器学习方法的新视角［J］．中国工业经济，2021（7）：26-44.

［4］陈小亮，王兆瑞，郭俊杰．老龄化是否削弱了中国货币政策的"稳增长"效果？［J］．经济学动态，2021（5）：79-96.

［5］陈彦斌，郭豫媚，陈伟泽．2008 年金融危机后中国货币数量论失效研究［J］．经济研究，2015，50（4）：21-35.

［6］陈彦斌，刘哲希，陈小亮．稳增长与防风险权衡下的宏观政策：宏观政策评价报告 2022［J］．经济学动态，2022（1）：40-57.

［7］陈彦斌．宏观政策评价报告 2019［J］．经济研究参考，2019（4）：13-20.

［8］陈永志，朱炎亮．我国通货膨胀的特点、引发机制及治理对策［J］．当代经济研究，2011（11）：72-78，93.

［9］啜华，王月．基于现金流量的企业偿债能力分析［J］．财会通讯，2013（11）：67-68.

［10］戴金平，刘东坡．中国货币政策的动态有效性研究：基于 TVP-SV-FAVAR 模型的实证分析［J］．世界经济研究，2016（12）：12-24，132.

［11］丁慧，范从来．中国菲利普斯曲线扁平化了吗：基于广义价格

指数的实证研究 [J]. 经济学家，2015（1）：19-29.

[12] 杜立，钱雪松. 影子银行、信贷传导与货币政策有效性：基于上市公司委托贷款微观视角的经验证据 [J]. 中国工业经济，2021（8）：152-170.

[13] 杜宇玮，刘东皇. 预防性储蓄动机强度的时序变化及影响因素差异：基于 1979—2009 年中国城乡居民的实证研究 [J]. 经济科学，2011（1）：70-80.

[14] 段梅. 经济政策不确定性会影响货币政策有效性吗：基于信贷渠道的视角 [J]. 当代财经，2017（6）：18-27.

[15] 范从来，高洁超. 适应性学习与中国通货膨胀非均衡分析 [J]. 经济研究，2016，51（9）：17-28.

[16] 范从来. 中国货币政策目标的重新定位 [J]. 经济学家，2010（7）：83-89.

[17] 付云鹏，马树才，宋琪. 我国房价波动与宏观经济指数波动关系的实证研究：基于 VAR 模型的实证分析 [J]. 价格理论与实践，2013（4）：63-64.

[18] 高东胜. 国际石油价格波动对我国通货膨胀的冲击效应 [J]. 上海经济研究，2011（5）：52-59.

[19] 郭豫媚，陈伟泽，陈彦斌. 中国货币政策有效性下降与预期管理研究 [J]. 经济研究，2016，51（1）：28-41，83.

[20] 郭豫媚，郭俊杰，肖争艳. 利率双轨制下中国最优货币政策研究 [J]. 经济学动态，2016（3）：31-42.

[21] 何德旭，张斌彬. 居民杠杆与企业债务风险 [J]. 中国工业经济，2021（2）：155-173.

[22] 何光辉. 中国 CPI 与 PPI 的结构与动态作用机制研究 [J]. 经济科学，2009（4）：15-30.

[23] 贺力平，樊纲，胡嘉妮. 消费者价格指数与生产者价格指数：谁带动谁？[J]. 经济研究，2008，43（11）：16-26.

[24] 侯成琪，龚六堂. 部门价格粘性的异质性与货币政策的传导 [J]. 世界经济，2014，37（7）：23-44.

［25］侯成琪，罗青天，吴桐．PPI 和 CPI：持续背离与货币政策的选择［J］．世界经济，2018，41（7）：49-74.

［26］侯成琪，罗青天，邹学恒．PPI 和 CPI 之间的传导关系：从加总价格指数到分类价格指数［J］．经济评论，2018（1）：134-149.

［27］姜婷凤，汤珂，刘涛雄．基于在线大数据的中国商品价格粘性研究［J］．经济研究，2020，55（6）：56-72.

［28］姜再勇，钟正生．我国货币政策利率传导渠道的体制转换特征：利率市场化改革进程中的考察［J］．数量经济技术经济研究，2010，27（4）：62-77.

［29］蒋瑛，刘琳，刘寒绮．产业结构视角下政策不确定性对经济波动的影响：基于门限效应的实证分析［J］．商业研究，2022（2）：12-20.

［30］雷文妮，龚六堂．房价波动与社会福利：基于内生化企业进入的研究［J］．金融研究，2016（8）：51-67.

［31］李斌，邵新月，李玥阳．机器学习驱动的基本面量化投资研究［J］．中国工业经济，2019（8）：61-79.

［32］李斌．从流动性过剩（不足）到结构性通胀（通缩）［J］．金融研究，2010（4）：50-63.

［33］李成，于海东．经济政策不确定性对居民消费的影响效应及作用机制：基于中国家庭调查（CFPS）数据［J］．广东财经大学学报，2021，36（6）：31-50.

［34］李凤羽，杨墨竹．经济政策不确定性会抑制企业投资吗？：基于中国经济政策不确定指数的实证研究［J］．金融研究，2015（4）：115-129.

［35］李石强，冯卓．产能过剩下政府主导投资的价格指数分化效应［J］．数量经济技术经济研究，2021，38（7）：143-158.

［36］梁丰．经济政策不确定性与我国货币政策有效性：基于门槛向量自回归模型的实证研究［J］．华东经济管理，2019，33（6）：84-90.

［37］梁宏．工业、农业生产者价格指数与 CPI 关系研究：基于 VAR 模型的实证分析［J］．价格理论与实践，2013（11）：49-50.

［38］梁亚民，韩君．房价波动对物价水平影响的动态模拟［J］．统计

研究，2014，31（2）：75-80.

[39] 林晨，陈小亮，陈伟泽，等．人工智能、经济增长与居民消费改善：资本结构优化的视角［J］.中国工业经济，2020（2）：61-83.

[40] 林木材，牛霖琳．基于高频收益率曲线的中国货币政策传导分析［J］.经济研究，2020，55（2）：101-116.

[41] 刘凤良，章潇萌，于泽．高投资、结构失衡与价格指数二元分化［J］.金融研究，2017（2）：54-69.

[42] 刘贯春，陈肖雄，黄雪松，等．银行负债结构与货币政策风险承担渠道［J］.管理世界，2024，40（7）：84-108.

[43] 刘金全，解瑶姝．中国货币政策有效性及其传导机制的检验［J］.系统工程，2016，34（2）：33-39.

[44] 刘金全，王国志，付卫艳．经济政策不确定性下货币政策有效性研究［J］.中南大学学报（社会科学版），2021，27（2）：126-139.

[45] 刘金全，张达平，张都．通货膨胀波动与货币政策调控机制研究：基于 TVP-VAR 模型的实证分析［J］.当代财经，2016（4）：51-60.

[46] 刘金全，张都．新常态下 CPI 与 PPI 背离的货币成因分析［J］.经济经纬，2017，34（3）：123-128.

[47] 刘金全，张龙．新常态下中国 CPI 与 PPI 的趋势性特征及其"虚假背离"分析［J］.财贸研究，2018，29（5）：1-9.

[48] 刘金全，张龙．中国数量型和价格型货币政策的价格时变效应：基于 CPI 与 PPI"虚假背离"的分析［J］.财经理论与实践，2018，39（6）：22-28.

[49] 刘仁和，陈英楠，吉晓萌，等．中国的资本回报率：基于 q 理论的估算［J］.经济研究，2018，53（6）：67-81.

[50] 刘伟，蔡志洲．需求拉动的结构性通胀与供给推进的总量性通胀［J］.中国金融，2008（11）：37-38.

[51] 刘喜和，李良健，高明宽．不确定条件下我国货币政策工具规则稳健性比较研究［J］.国际金融研究，2014（7）：7-17.

[52] 刘雪晨，张晓晶．中国 PPI 与 CPI 背离原因分析［J］.价格理论与实践，2017（4）：88-91.

［53］刘岩，谢天．跨国增长实证研究的模型不确定性问题：机器学习的视角［J］．中国工业经济，2019（12）：5-22.

［54］龙少波，陈璋，胡国良．货币政策、房价波动对居民消费影响的路径研究［J］．金融研究，2016（6）：52-66.

［55］龙少波，陈璋．部门间工资不完全追赶对中国结构性通胀的影响［J］．金融研究，2013（10）：55-67.

［56］龙少波，袁东学．经济新常态下中国CPI与PPI的"正负背离"现象分析：基于部门间价格传导机制差异视角［J］．财贸研究，2016，27（4）：1-8.

［57］龙少波，张梦雪，厉克奥博．中国货币政策框架转型下的多目标混合型规则研究［J］．中央财经大学学报，2021（10）：77-93，107.

［58］鲁成军，周端明．中国工业部门的能源替代研究：基于对AL-LEN替代弹性模型的修正［J］．数量经济技术经济研究，2008（5）：30-42.

［59］吕捷，王高望．CPI与PPI"背离"的结构性解释［J］．经济研究，2015，50（4）：136-149.

［60］马文涛，冯根福，李成，等．宏观政策转型、行政性干预调整与通胀预期管理［J］．经济研究，2016，51（4）：30-46.

［61］马文涛．预期管理理论的形成、演变与启示［J］．经济理论与经济管理，2014（8）：43-57.

［62］莫万贵，袁佳，魏磊，等．中国结构性通缩中的周期性与结构性问题［J］．金融研究，2019（3）：37-52.

［63］莫万贵，袁佳．我国CPI和PPI走势背离的原因浅析［J］．金融理论与实践，2016（12）：38-42.

［64］南永清，后天路，宋明月．经济政策不确定性对城镇居民消费行为的动态时变影响：基于TVP-SV-VAR模型的实证检验［J］．当代经济研究，2022（1）：118-128.

［65］倪红福，吴立元，张志达．PPI-CPI分化"悖论"及其传导机制：基于生产链PPI统计指标体系的新解释［J］．管理世界，2023，39（2）：38-89.

[66] 倪红福，闫冰倩，吴立元．生产链长度与 PPI-CPI 分化：基于全球投入产出价格模型的分析 [J]．中国工业经济，2023（6）：5-23.

[67] 潘彬，金雯雯．货币政策对民间借贷利率的作用机制与实施效果 [J]．经济研究，2017，52（8）：78-93.

[68] 彭安兴．结构性货币政策能兼顾稳增长和防通胀吗?：基于 MI-UP-DSGE 模型 [J]．中央财经大学学报，2023（8）：91-102.

[69] 彭刚，李超，石微巍．服务深化改变货币政策冲击的效果了吗?：基于两部门新凯恩斯价格粘性视角 [J]．中央财经大学学报，2022（7）：71-86.

[70] 彭红枫，肖祖沔．供给侧改革背景下需要将 PPI 纳入通货膨胀目标吗 [J]．统计研究，2017，34（9）：3-15.

[71] 彭俞超，倪骁然，沈吉．企业"脱实向虚"与金融市场稳定：基于股价崩盘风险的视角 [J]．经济研究，2018，53（10）：50-66.

[72] 饶品贵，岳衡，姜国华．经济政策不确定性与企业投资行为研究 [J]．世界经济，2017，40（2）：27-51.

[73] 尚玉皇，赵芮，董青马．混频数据信息下的时变货币政策传导行为研究：基于混频 TVP-FAVAR 模型 [J]．金融研究，2021（1）：13-30.

[74] 邵军，史修松，黄群慧．全球价值链嵌入、通货膨胀国际协同与价格指数的背离 [J]．世界经济，2022，45（2）：33-61.

[75] 盛松成，吴培新．中国货币政策的二元传导机制："两中介目标，两调控对象"模式研究 [J]．经济研究，2008，43（10）：37-51.

[76] 石凯．关于 CPI 和 PPI 关系的 VEC 模型分析 [J]．统计与决策，2016（3）：83-86.

[77] 宋艳伟．CPI 和 PPI 走势背离形势下的商业银行应对策略 [J]．银行家，2017（6）：73-76.

[78] 苏均和，程伟力．结构性通胀及其治理 [J]．中国金融，2010，（23）：69-70.

[79] 苏乃芳，李宏瑾，张怀清．有关 GDP 平减指数的再认识 [J]．经济学动态，2016（5）：62-73.

［80］苏治，刘程程，位雪丽．经济不确定性是否会弱化中国货币政策有效性［J］．世界经济，2019，42（10）：49-72.

［81］隋建利，李玥蓉．区制转移因果视阈下 CPI 与 PPI 的内在驱动机制研究［J］．系统工程理论与实践，2019，39（4）：1001-1017.

［82］田磊，林建浩．经济政策不确定性兼具产出效应和通胀效应吗？来自中国的经验证据［J］．南开经济研究，2016（2）：3-24.

［83］田新民，武晓婷．中国核心通货膨胀的 SVAR 模型估计与政策应用［J］．中国工业经济，2012（12）：5-17.

［84］汪莉，王先爽．央行预期管理、通胀波动与银行风险承担［J］．经济研究，2015，50（10）：34-48.

［85］王晓彦，何金祚，胡德宝．中国 CPI 与 PPI 相关关系研究：兼析我国 CPI 与 PPI 走势背离原因［J］．价格理论与实践，2017（7）：89-92.

［86］王义中，宋敏．宏观经济不确定性、资金需求与公司投资［J］．经济研究，2014，49（2）：4-17.

［87］王振霞，闫冰倩，王朝阳，等．CPI 与 PPI 分化及其规律：一个结构化的理论解释［J］．中国工业经济，2023（9）：5-22.

［88］吴立元，刘研召，赵扶扬，等．PPI 与 CPI 背离、金融摩擦异质性与货币政策选择［J］．当代经济科学，2021，43（3）：1-15.

［89］吴立元，倪红福．中国 PPI 与 CPI 的传导与分化再探讨［J］．学习与探索，2022（11）：134-145.

［90］吴立元，赵扶扬，刘研召．CPI 与 PPI 的趋势分化再研究：从大宗商品价格和劳动力市场分割的视角［J］．中央财经大学学报，2020（9）：70-80，119.

［91］伍戈，曹红钢．中国的结构性通货膨胀研究：基于 CPI 与 PPI 的相对变化［J］．金融研究，2014（6）：1-16.

［92］谢晓鸥．经济结构分化与结构性通胀机制［J］．财经科学，2016（11）：59-70.

［93］熊海芳，王志强．货币政策意外、利率期限结构与通货膨胀预期管理［J］．世界经济，2012，35（6）：30-55.

［94］徐宁，丁一兵，张男．经济不确定性冲击与货币政策的时变反馈：基于《人民日报》《光明日报》大数据的研究［J］．财经科学，2020（1）：1-12.

［95］徐伟康．对《消费者价格指数与生产者价格指数：谁带动谁?》一文的质疑［J］．经济研究，2010，45（5）：139-148，158.

［96］徐臻阳，鄢萍，吴化斌．价格指数背离、金融摩擦与"去杠杆"［J］．经济学（季刊），2019，18（4）：1187-1208.

［97］许光建，马祎明．CPI、PPI 两种价格指数走势背离研究［J］．价格理论与实践，2021（11）：9-15.

［98］许坤，卢倩倩，许光建．CPI 权重、结构性物价上涨与物价感知［J］．价格理论与实践，2019（9）：4-10.

［99］闫力，刘克宫，张次兰．货币政策有效性问题研究：基于1998—2009 年月度数据的分析［J］．金融研究，2009（12）：59-71.

［100］闫先东，高文博．中央银行信息披露与通货膨胀预期管理：我国央行信息披露指数的构建与实证检验［J］．金融研究，2017（8）：35-49.

［101］严佳佳，王逸敏．中美货币政策对结构性通货膨胀影响的比较研究：基于美国货币政策转向背景［J］．亚太经济，2023（4）：35-48.

［102］杨铭，干杏娣．经济政策不确定性对货币政策有效性影响研究：基于就业的视角［J］．统计与信息论坛，2018，33（7）：54-61.

［103］杨业伟，许宪春．PPI 与 CPI 的传导效应分析［J］．统计与决策，2022，38（13）：62-66.

［104］杨源源，张晓林，于津平．异质性预期、宏观经济波动与货币政策有效性：来自数量型和价格型工具的双重检验［J］．国际金融研究，2017（9）：25-34.

［105］杨中东．对我国制造业的能源替代关系研究［J］．当代经济科学，2007（3）：1-6，123.

［106］杨子晖，赵永亮，柳建华．CPI 与 PPI 传导机制的非线性研究：正向传导还是反向倒逼?［J］．经济研究，2013，48（3）：83-95.

［107］姚余栋，谭海鸣．通胀预期管理和货币政策：基于"新共识"

宏观经济模型的分析［J］. 经济研究，2013，48（6）：45-57.

［108］易纲. 货币政策的自主性、有效性与经济金融稳定［J］. 经济研究，2023，58（6）：19-29.

［109］余湄，李志勇. 通货膨胀、资产选择和家庭财务杠杆［J］. 管理评论，2021，33（1）：13-22.

［110］袁仕陈. 流动性、结构性通胀和资产价格的动态关系：基于开放经济的一个分析框架［J］. 贵州社会科学，2018（1）：124-132.

［111］战明华，汤颜菲，李帅. 数字金融发展、渠道效应差异和货币政策传导效果［J］. 经济研究，2020，55（6）：22-38.

［112］张超，甘梦群. 我国PPI与CPI的传导机制再探究［J］. 价格理论与实践，2016（12）：90-93.

［113］张成思，党超. 基于央行调查数据的通胀预期转化：算法基础与理解分歧［J］. 金融评论，2016，8（1）：1-12，124.

［114］张成思，田涵晖. 结构性通货膨胀与通货膨胀预期形成机制［J］. 经济研究，2020，55（12）：148-164.

［115］张成思，张步昙. 中国实业投资率下降之谜：经济金融化视角［J］. 经济研究，2016，51（12）：32-46.

［116］张成思. 长期均衡、价格倒逼与货币驱动：我国上中下游价格传导机制研究［J］. 经济研究，2010，45（6）：42-52.

［117］张怀清，赵亚琪，徐瑞慧. 国际大宗商品价格对国内通胀的影响研究［J］. 金融与经济，2019（4）：9-16.

［118］张居营，周可. 产业结构升级对中国经济波动的"稳定器"效应：基于部门价格粘性异质性视角的动态分析［J］. 经济问题探索，2019（12）：172-180.

［119］张龙，金春雨. 数量型和价格型货币政策工具的有效性对比研究［J］. 中国工业经济，2018（1）：119-136.

［120］张明，谢家智. 投资潮涌、经济金融化与结构性价格波动［J］. 当代经济研究，2015（8）：76-83.

［121］张世伟，刘廷宇，刘达禹，等. 中国核心通货膨胀结构变迁与部门核心通货膨胀分解［J］. 世界经济，2021，44（1）：126-150.

［122］张小宇，刘永富 . 我国 PPI 与 CPI 正向传导与反向倒逼机制分析［J］. 统计与决策，2018，34（17）：126-128.

［123］张晓林，杨源源，张译文 . CPI 与 PPI 持续性"背离"的结构性解释［J］. 中国经济问题，2018（1）：15-26.

［124］张宇燕 . 疫情重压下世界开放的韧性［J］. 中国外资，2023（1）：24-25.

［125］赵继志，郭敏 . 全球性因素对中国宏观经济及货币政策有效性的影响［J］. 国际金融研究，2012（9）：23-33.

［126］赵佳丽，郭惠英，程光辉 . 我国 PPI 与 CPI 走势背离现象研究：基于工业企业库存视角的分析［J］. 价格理论与实践，2018（8）：102-105.

［127］中国人民银行货币政策司课题组 . 结构性货币政策助力做好"五篇大文章"［J］. 中国金融，2024（2）：25-27.

［128］钟宏，黄涛 . 经济运行点评 正确认识 CPI 与 PPI 的持续背离［J］. 中国统计，2014（3）：62.

［129］朱博文，张钰，曹廷求 . 货币政策与银行贷款行为：基于公司与银行的双向视角研究［J］. 财贸经济，2013（12）：57-67.

［130］朱民，徐钟祥，巩冰，等 . 2022 年全球经济金融：结构性通货膨胀之剑和央行的挑战［J］. 国际金融研究，2021（12）：3-13.

［131］朱晓雨 . 两次金融危机期间我国货币政策有效性实证研究［J］. 金融理论与实践，2012（8）：52-56.

［132］祝梓翔，车明，李雨佳 . 输入型通胀的宏观效应：价格分化和货币政策分析［J］. 管理世界，2024，40（2）：64-100.

［133］庄子罐，崔小勇，赵晓军 . 不确定性、宏观经济波动与中国货币政策规则选择：基于贝叶斯 DSGE 模型的数量分析［J］. 管理世界，2016（11）：20-31，187.

［134］AAS K，JULLUM M，LØLAND A. Explaining individual predictions when features are dependent：More accurate approximations to shapley values［J］. Artificial Intelligence，2021（9）：298.

［135］AASTVEIT A，NATVIK J，SOLA S. Economic uncertainty and the influence of monetary policy [J]. Journal of International Money and Finance, 2017 (9): 50-67.

[136] ALPANDA S, ZUBAIRY S, Household debt overhang and transmission of monetary policy [J]. Journal of Money, Credit and Banking, 2019 (5): 1265-1307.

[137] BERNANKE B, BLINDER A. Credit, money, and aggregate demand [J]. The American Economic Review, 1988 (2): 435-439.

[138] BLOOM N. Uncertainty and the dynamics of R&D [J]. American Economic Review, 2007 (2): 250-255.

[139] BRANDT L, RAWSKI T G. China's great economic transformation [M]. Cambridge: Cambridge University Press, 2008.

[140] BREIMAN L. Random forests [J]. Machine Learning, 2001 (1): 5-32.

[141] CALVO A. Staggered prices in a utility - maximizing framework [J]. Journal of Monetary Economics, 1983 (3): 383-398.

[142] CHANG C, CHEN K, WAGGONER D, et al. Trends and cycles in China's macroeconomy [J]. NBER Macroeconomics Annual, 2016, 30 (1): 1-84.

[143] CHEN K, REN J, ZHA T. The nexus of monetary policy and shadow banking in China [J]. American Economic Review, 2018 (12): 3891-3936.

[144] CLARIDA R, GALI J, GERTLER M. Monetary policy rules and macroeconomic stability: evidence and some theory [J]. The Quarterly Journal of Economics, 2000 (1): 147-180.

[145] FAN J, HAN F, LIU H. Challenges of Big Data analysis [J]. National Science Review, 2014 (2): 293-314.

[146] FREY, GILIOLA, MATTEO M. Econometric models of asymmetric price transmission [J]. Journal of Economic Surveys, 2007 (4): 349-415.

[147] FUJIWARA I, WANG J. Optimal monetary policy in open economies revisited [J]. Journal of International Economics, 2017 (9): 300-314.

[148] GALÍ J. Monetary policy, inflation, and the business cycle: An in-

troduction to the new keynesian framework and its applications ［M］. Cambridge: Princeton University Press, 2015.

［149］GÉRON A. Hands-on machine learning with scikit-learn, keras, and tensorflow: Concepts, tools, and techniques to build intelligent systems ［M］. Cambridge: O' Reilly Media, 2019.

［150］GONG L, WANG C, ZOU H. Optimal monetary policy with international trade in intermediate inputs ［J］. Journal of International Money and Finance, 2016 (7): 140-165.

［151］GÜRKAYNAK R, LEVIN A, MARDER A, et al. Inflation targeting and the anchoring of inflation expectations in the western hemisphere ［J］. Federal Reserve Bank of San Francisco Economic Review, 2007 (12): 25-47.

［152］HUANG X, LIU Z. Inflation targeting: What inflation rate to target? ［J］. Journal of Monetary Economics, 2005 (11): 1435-1462.

［153］JAMES G, WITTEN D, HASTIE T, et al. An introduction to statistical learning with applications in R ［M］. New York: Springer Text in Statistics, 2013.

［154］JORDÀ Ò. Estimation and inference of impulse responses by local projections ［J］. The American Economic Review, 2005 (1): 161-182.

［155］MISHKIN F. Understanding financial crises: A developing country perspective ［R］. Cambridge: NBER Working Paper, No. 5600, 1996.

［156］NAKAMURA E, STEINSSON J. Fiscal stimulus in a monetary union: Evidence from US regions ［J］. American Economic Review, 2014 (3): 753-792.

［157］NG S, Boosting Recessions ［J］. Canadian Journal of Economics, 2014 (1): 1-34.

［158］SONG Z, STORESLETTEN K, ZILIBOTTI F. Growing like China ［J］. American Economic Review, 2011 (1): 196-233.

［159］JOHN B J. Discretion versus policy rules in practice ［M］. Pittsburgh: Carnegie-Rochester Conference Series on Public Policy, 1993: 1435-1462.

［160］TENREYRO S, THWAITES G. Pushing on a string: US monetary policy is less powerful in recessions ［J］. American Economic Journal: Macro-economics, 2016（4）: 43−74.

［161］ WEI S, XIE Y. The wedge of the century: understanding a divergence between CPI and PPI inflation measures ［R］. Cambridge: NBER Working Paper, No. 243319, 2018.

［162］ WEINHAGEN J. Price Transmission within the PPI for intermediate goods ［J］. Monthly Labor Review, 2005（5）: 41−49.